Kristiane Müller-Urban/Eberhard Urban

Radtouren mit Kindern im Odenwald

Kristiane Müller-Urban
Eberhard Urban

Radtouren mit Kindern im Odenwald

57 Farbabbildungen,
30 Tourenkarten und
eine Übersichtskarte

STEIGER VERLAG

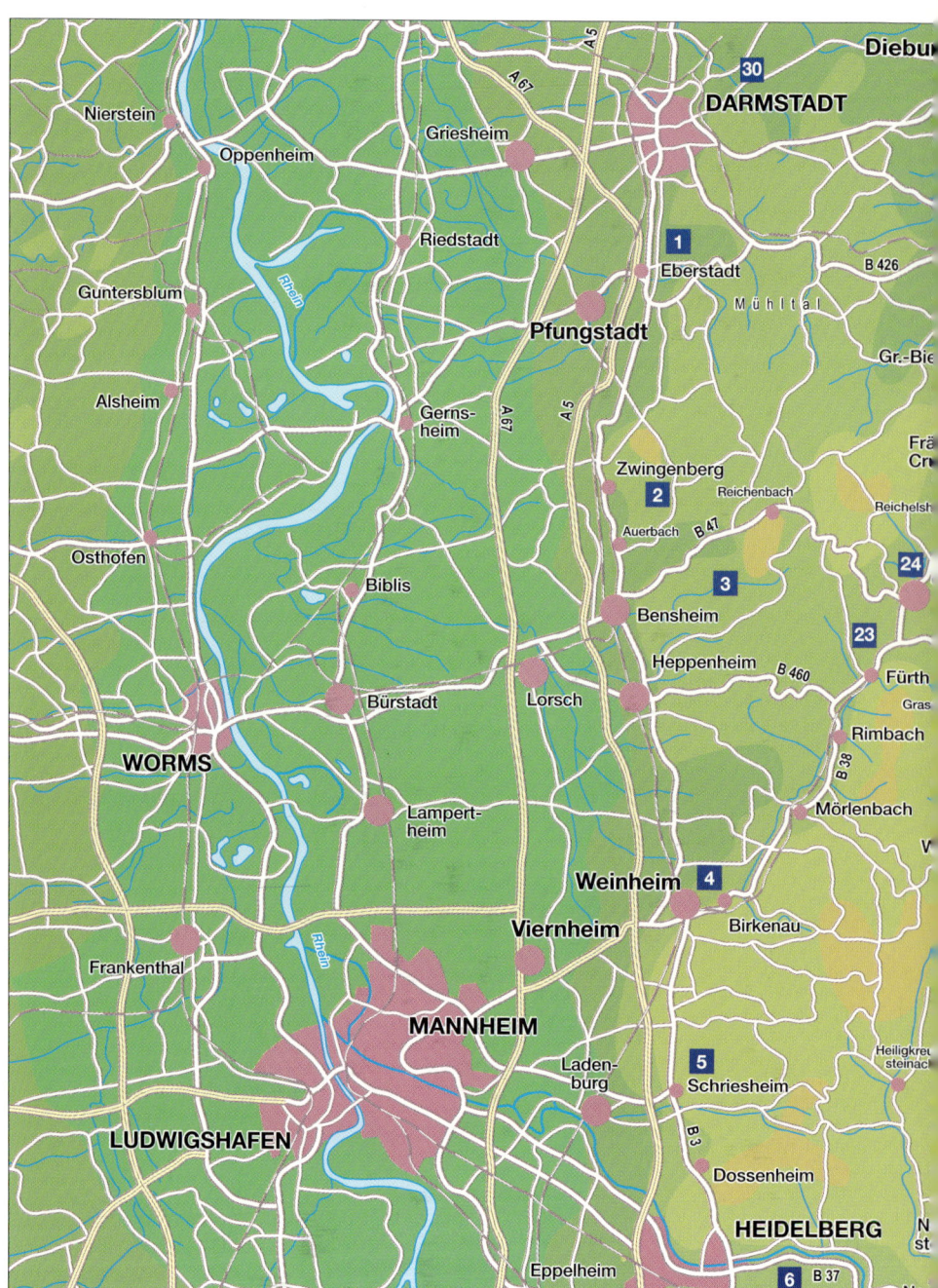

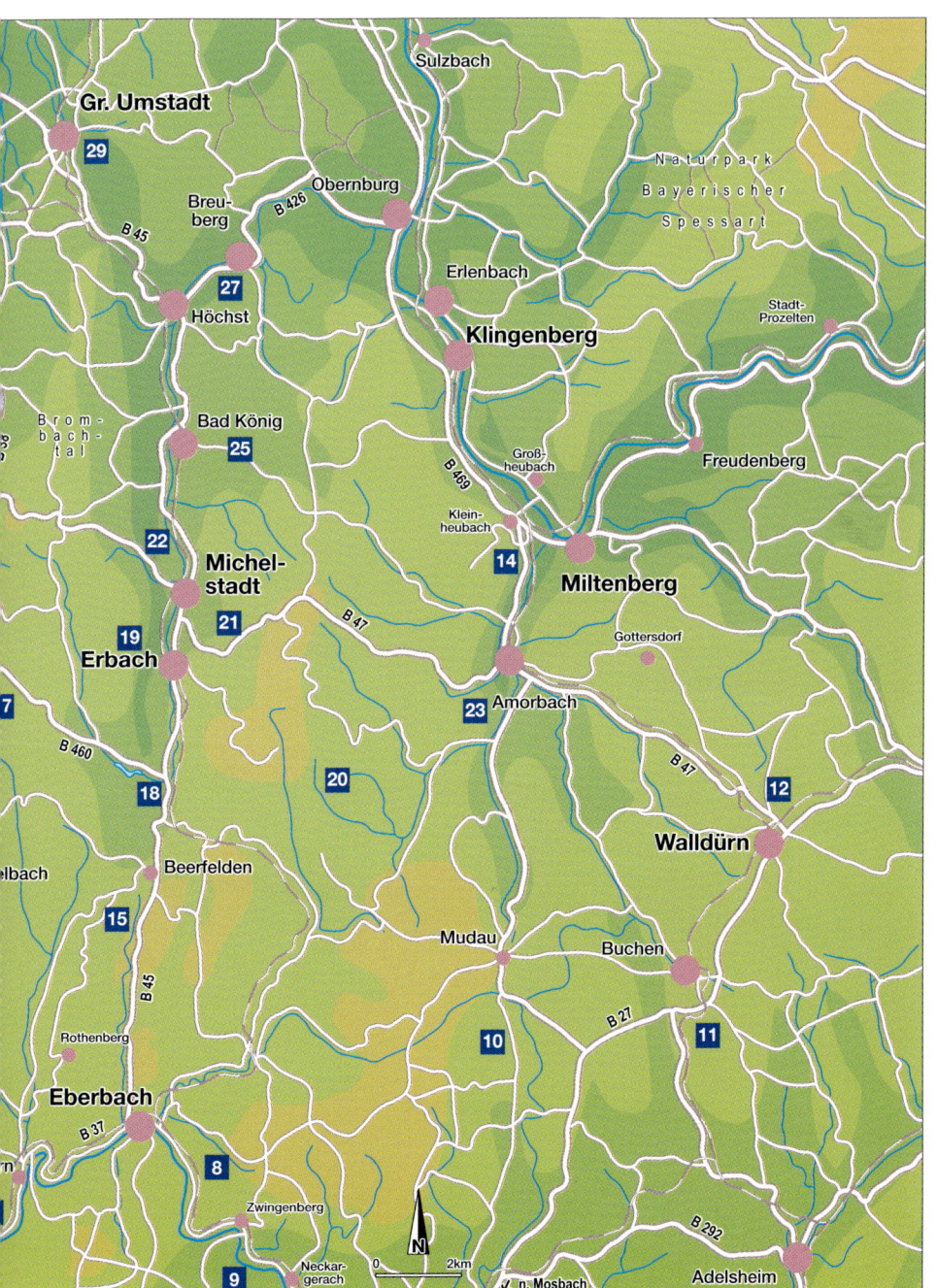

Die Autoren:
Kristiane Müller-Urban lebt als freie Schriftstellerin in Offenbach. Mehr als 70
Bücher hat sie bisher verfaßt, darunter zahlreiche Reisebände. Gemeinsam mit
Mann und Kindern hat sie mit dem Fahrrad den Odenwald durchstreift.
Eberhard Urban lebt und arbeitet in Offenbach und Frankfurt am Main. Er ist Lektor
und hat eine Vielzahl von Büchern veröffentlicht. In seiner Freizeit ist er häufig mit
dem Fahrrad vor der eigenen Haustüre unterwegs.

Die Touren für diesen Band sind aktuell recherchiert und fotografiert.

Alle Informationen und Hinweise ohne jede Gewähr und Haftung.

Die Deutsche Bibliothek – CIP Einheitsaufnahme

Müller-Urban, Kristiane :
Radtouren mit Kindern im Odenwald / Kristiane Müller-
Urban/Eberhard Urban. - Augsburg : Steiger, 1996
(Steiger Radführer)
ISBN 3-89652-028-8
NE: Urban, Eberhard:

Gedruckt auf chlorfrei gebleichtem Papier.

Steiger Verlag
© 1996 Weltbild Verlag GmbH, Augsburg
Alle Rechte vorbehalten
Kartenskizzen: Ingenieurbüro für Kartographie Heidi Schmalfuß, München
Layoutentwurf: VerlagsService Dr. Helmut Neuberger & Karl Schaumann,
Heimstetten
Satz und Layout: Gesetzt aus 10/11p Futura von Verlagsservice G. Pfeifer /
EDV-Fotosatz Huber, Germering
Umschlaggestaltung: Steinkämper Grafikdesign, Igling
Reproduktion: lithoservice, Bozen
Druck und Bindung: INTERDRUCK Graphischer Großbetrieb GmbH, Leipzig

Einbandvorderseite: Hirschhorn am Neckar (Mauritius, Mittenwald / Foto: Matassa);
Einbandrückseite: Familie bei einer Radtour im Odenwald (IFA-Bilderteam, Mün-
chen / Foto: Putz); die Fotos auf S. 55 und 56 stellte die Tourist-Information
Buchen zur Verfügung, wir bedanken uns; S.1: Rast auf dem Weg von Breitenbronn
nach Mörtelstein, S.2/3: Familienausflug bei Wald-Michelbach sowie alle anderen
Fotos stammen von Eberhard Urban.

Printed in Germany

ISBN 3-89652-028-8

Inhaltsverzeichnis

Einführung
Das Ferien- und Freizeitgebiet
Bergstraße-Odenwald   9
Spiel und Spaß für jedes
Kinderherz 10
Das Erlebnis Natur 11
Das Abenteuer Geschichte 11

1 Von Darmstadt-Eberstadt zur
Burg Frankenstein 12

2 Von Bensheim-Auerbach über
das Auerbacher Schloß zum
Fürstenlager 17

3 Von Bensheim über
Reichenbach zum
Felsenmeer und Felsberg 20

4 Von Weinheim nach
Birkenau zum
Exotenwald 25

5 Von Schriesheim zum
Besucherbergwerk
und Waldschwimmbad 29

6 Von Heidelberg übers
Schloß nach Schlierbach 31

7 Von Neckargemünd
nach Hirschhorn und
Neckarsteinach 36

8 Von Eberbach nach
Dielbach und
Zwingenberg 39

9 Von Neckargerach über
Schwarzach durch den
Kleinen Odenwald 43

10 Auf der Wanderbahn
von Mosbach nach
Mudau 48

11 Kleiner Höhlenrundweg
von Buchen zur Eberstadter
Tropfsteinhöhle 53

12 Von Walldürn zum
Freilandmuseum und
durchs Rippberger Tal 56

13 Von Amorbach zur
Wildenburg 61

14 Von Miltenberg über
Kleinheubach zu den
Heunesäulen 65

15 Von Beerfelden über die
Hirschhorner Höhe nach
Rothenberg 68

16 Rund um Wald-
Michelbach 72

17 Von Grasellenbach um
den Spessartskopf zum
Siegfriedbrunnen 75

18 Vom Himbächel-Viadukt
rund um den
Marbachsee 78

19 Von Erbach ins Mossautal . . . 81

20 Zur Wildschweinfütterung
und zum Römerkastell
Würzberg 84

21 Von Michelstadt zum
Englischen Garten Eulbach . . 87

22 Von Michelstadt die
Mümling entlang 91

23 Von Fürth über den
Bergtierpark Erlenbach nach
Lauten-Weschnitz 94

24 Rund um Lindenfels 98

25 Von Bad König zum Kastell
Hainhaus und nach
Fürstengrund 101

26 Von Fränkisch-Crumbach
durch das Rodensteiner Land . 105

27 Von Höchst nach Breuberg
und um Breuberg herum 108

28 Von Lengfeld über
Nieder-Klingen zur
Veste Otzberg 112

29 Von Groß-Umstadt zum
Rödelshäuschen und
nach Heubach 115

30 Von Darmstadt-Kranichstein
(Eisenbahnmuseum)
über das Jagdschloß
nach Messel 119

Allgemeine Informationen
Mit welchem Rad fahren wir? 124
Pflege und Reparatur des
Rades 124
Planung und Vorbereitung
der Tour 124
Ausrüstung und Proviant 124
Bewirtung und Übernachtung 125
Radverleih 125
Das Klima und das Wetter 125
Essen und Trinken 125
Wichtige Adressen 126
Dank 126

Ortsregister 127

Einführung

Das Ferien- und Freizeitgebiet Bergstraße-Odenwald

Eingerahmt von *Rhein, Main* und *Nekkar* erhebt sich der Odenwald als eines der schönsten Mittelgebirge Deutschlands. So reich wie seine Tier- und Pflanzenwelt, so vielfältig sind seine Sehenswürdigkeiten aus Geschichte und Kultur. Gäste aus ganz Deutschland, die das Erlebnis oder die Ruhe suchen, zieht es hierher.

Viele Wege führen in den Odenwald; zwischen den Bergen und der Bergstraße und dem Rhein verlaufen die Autobahnen A 5 und A 67 von Norden nach Süden. Nördlich des Odenwaldes gibt es in west-östlicher Richtung die A 3; die A 6 verläuft südlich unseres Ferienwaldes. Von Worms kommend und den Odenwald nach Osten durchquerend führt die Bundesstraße 47, die *Nibelungenstraße*. Von Lorsch geht die B 460 ab, die *Siegfriedstraße*. Beide treffen sich in Amorbach. Auch auf anderen Bundesstraßen sind die Städte und Orte im Odenwald zu erreichen, und viele Parkplätze, auch an Wander- und Radwegen angelegt, laden ein, das Auto zu verlassen. Mit den Zügen der Deutschen Bahn gelangen die Besucher an und in den Odenwald; Hauptstrecken führen um und in unser Feriengebiet. Und wo keine Schienen der Beförderung dienen, helfen Busse weiter. Der Odenwald ist ein Gebirge für alle Jahreszeiten. Nur im Winter muß auf das Radfahren verzichtet werden. Schon im Frühling, der an der Bergstraße früher beginnt als anderswo in Deutschland, können wir hier die ersten Radtouren unter blühenden Bäumen unternehmen; das Gebirge schützt vor den kalten Ostwinden. In heißen Sommern ist es in den Tälern des waldreichen Odenwaldes angenehm frisch. Diese Annehmlichkeiten verdanken wir den Bewegungen der Erdkruste.

Vor etwa 65 Millionen Jahren, am Ende der Kreidezeit, wölbte sich das Grundgebirge auf und zerriß. In den folgenden 20 Millionen Jahren dehnte sich der Rheingraben aus, und am Rand schoben sich Gebirge empor. Der Streifen zwischen Rheingraben und Steilanstieg des Odenwaldes ist die Bergstraße. Im *Vorderen Odenwald* wurde im Lauf der Zeit die obere Schicht aus Buntsandstein abgetragen, der Sockel des Grundgebirges trat zutage. Deswegen nennt man den Vorderen Odenwald auch den Kristallinen Odenwald.

Nach Osten und Südosten schließt sich der *Hintere* oder *Buntsandstein-Odenwald* an. Der *Kleine Odenwald* heißt das Buntsandstein-Gebirge südlich des Neckars. Die Bewegungen und das Aufbrechen der Erdkruste wurden von Vulkanausbrüchen begleitet. So sind *Otzberg* und *Katzenbuckel* beispielsweise Basaltkegel erloschener feuerspeiender Berge. Mit 626 Metern über dem Meer ist der Katzenbuckel bei Eberbach der höchste Berg im Odenwald. Solche Erhebungen lassen sich nicht mit dem Fahrrad erobern; gewieften Mountainbikern mag es gelingen. Doch wir wollen im Odenwald mit Kindern radeln, Spazier- und Wanderfahrten unternehmen. Extreme Touren durch das Gebirge sind in diesem Buch also nicht zu finden. Wir fahren auf den *Radwanderwegen* und anderen geeigneten Wegen. Allerdings ist hin und wieder ein bißchen Abenteuergeist nötig; ein auf der Karte verzeich-

9

Überall im Odenwald und an der Bergstraße haben kleine und große Fahrer den großen Radlerspaß. Ohne die manchmal mühsamen Steigungen sind diejenigen Straßen an der Bergstraße, die am dritten Sonntag im Mai für den Autoverkehr gesperrt sind.

neter Radweg erweist sich in der Natur als Holperstrecke, oder ein Wanderweg, den wir entlangradeln wollen, hat seine Markierungen verloren. Zunehmend werden neue Radwege für Rundwanderungen eingerichtet; diese sind bereits berücksichtigt. Bei längeren Streckenwanderungen mit dem Rad ist vermerkt, wo man die Tour unterbrechen, wo man eventuell übernachten kann.
Jedes Jahr im Frühling gibt es einen besonderen *Radlerspaß* für groß und klein unter dem Motto »Natürlich Bergstraße«. 200 Vereine machen aus der Bergstraße einen Festplatz. Am dritten Sonntag im Mai werden die B 3 zwischen Darmstadt-Eberstadt und Heppenheim und die L 3100 von Eberstadt bis Zwingenberg von 9 bis 19 Uhr für den Autoverkehr gesperrt. Mehrere 10 000 Radfahrer tummeln sich dann auf diesen

Straßen. Entlang den Strecken gibt's zur Unterhaltung Musik und Straßentheater, Pannenhelfer und Babystationen vervollständigen das Angebot für die radelnde Familie.

Spiel und Spaß für jedes Kinderherz

Waldspielplätze und *Schwimmbäder* sind überall im Odenwald zu finden, die Badesachen sollten sich also auf dem Gepäckträger oder in den Gepäcktaschen befinden, wenn wir im Sommer unterwegs sind. So manche Burg gilt es zu erkunden. Und wenn wir den Weg auf den Burgberg nicht mit dem Fahrrad bewältigen können, dann steigen wir ab und schieben. Wir besichtigen Schlösser und Museen; hier sei schon einmal das *Spielzeugmuseum* in Michelstadt erwähnt.

Auf den *Spuren der Römer* tummeln wir uns, wenn wir den Limes, die alte Grenzbefestigung, und Wachtürme und Kastelle entdecken. Am *Siegfriedbrunnen* wird die Sage von dem blonden Recken lebendig, der hier vom finsteren Hagen erschlagen worden sein soll. Wir besuchen *Tierparks* und Wildgehege und manchmal ist sogar »Füttern erlaubt«. Daß Lernen nicht langweilig ist, erleben wir auf dem *Vogellehrpfad*. Aber auch unter der Erde gibt es Erstaunliches zu sehen – zum Beispiel die Eberstadter *Tropfsteinhöhle* und das *Besucherbergwerk*.

Das Erlebnis Natur

Der Odenwald ist nicht nur ein Gebirge, in dem es sich gut radeln läßt und in dem es viel zu sehen und zu entdecken gibt. Der Odenwald ist zugleich ein großer Naturpark mit einer Pflanzen- und Tierwelt in Fülle und Vielfalt. Eingeteilt ist er in den *Naturpark Bergstraße-Odenwald* und in den *Naturpark Nekkartal-Odenwald*. Im Vorderen Odenwald gibt es den Mischwald mit prächtigen Buchen. Im Hinteren Odenwald wachsen vor allem Nadelbäume: Fichte, Kiefer und Lärche. Auch so manches fremdartige Kraut und mancher exotische Strauch sind inzwischen im Odenwald heimisch geworden. Das Rotwild – Rehe und seltener Hirsche – und das Schwarzwild sind überall im Odenwald zu Hause. Auch Fuchs und Dachs, Marder, Iltis und Wiesel, selbst Siebenschläfer fühlen sich hier wohl. Und mit ein bißchen Glück treffen wir sie im Wald. In den Zweigen der Bäume hüpfen die Singvögel, an den Wassern stehen stolze Reiher, und in den Lüften ziehen große Raubvögel – Bussard, Milan und Habicht – ihre Bahnen.

Dank des günstigen Klimas fühlen sich an der Bergstraße und im Odenwald viele Arten von Bäumen, Sträuchern und Blumen heimisch.

Das Abenteuer Geschichte

Der Odenwald ist altes Siedlungsgebiet. Der *älteste Europäer*, von dem wir wissen, ist ein Odenwälder. Der »Homo heidelbergensis«, von dem ein Unterkiefer gefunden worden ist, hat das Alter von über 500 000 Jahren. Die ältesten Spuren menschlicher Ansiedlung sind die *keltischen* Fliehburgen und die Hügelgräber, die sich im Odenwald befinden. Sie sind aus der Hallstattzeit (etwa 750 – 450 v. Chr.). Der *germanische*

11

Stamm der Sueben drängte die Kelten um 100 v. Chr. nach Süden ab. Im Jahr 74 n. Chr. überschritten die *Römer* den Rhein und stießen dann bis zum Main im Osten vor.

Auf unseren Radtouren besichtigen wir den *Limes*, die Wachtürme und Kastelle aus römischer Zeit. Im Felsenmeer sehen wir noch unvollendete Stücke der damaligen Steinmetzkunst. Um das Jahr 260 überrannten germanische Völker die römischen Grenzen. Während der Zeit der *Völkerwanderung* zerstörten die Hunnen das Burgunderreich am Rhein. Zum Jagen waren die Burgunder in den Odenwald gezogen; hier fand auch *Siegfried* den Tod. Die Franken gewannen die Herrschaft, neue Siedler drangen in die Täler des entvölkerten Odenwaldes vor. *Klöster* und *Burgen* entstanden, geistliche und weltliche Macht etablierten sich. Und oft gerieten die Herren aneinander, lagen im Streit, belagerten die Burgen und ruinierten sie. Doch gemeinsam bekämpften sie am Beginn einer neuen Zeit das arme Volk, das sich im *Bauernkrieg* 1525 erhoben hatte, um seiner Not ein Ende zu machen. Einer der Anführer war *Götz von Berlichingen*, der aber die Bauern dann doch im Stich ließ.

Seit dem 17. Jahrhundert erhoben die französischen Könige Anspruch auf das Gebiet rechts des Rheins und überzogen es mit Krieg und Zerstörung. *Napoleon* schließlich ordnete Deutschland gewaltsam neu, nachdem das Heilige Römische Reich Deutscher Nation untergegangen war. Der größte Teil des Odenwaldes wurde Hessen zugesprochen, das südliche Randgebiet Baden, der östliche Zipfel Bayern. Diese Neuordnung fand dann auf dem Wiener Kongreß 1814/15 seine Bestätigung und gilt noch heute.

12

1 Von Darmstadt-Eberstadt zur Burg Frankenstein

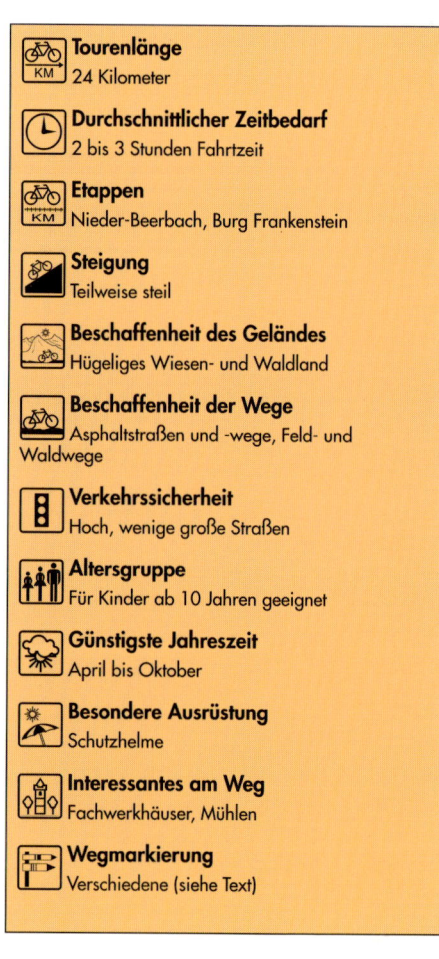

Tourenlänge
24 Kilometer

Durchschnittlicher Zeitbedarf
2 bis 3 Stunden Fahrtzeit

Etappen
Nieder-Beerbach, Burg Frankenstein

Steigung
Teilweise steil

Beschaffenheit des Geländes
Hügeliges Wiesen- und Waldland

Beschaffenheit der Wege
Asphaltstraßen und -wege, Feld- und Waldwege

Verkehrssicherheit
Hoch, wenige große Straßen

Altersgruppe
Für Kinder ab 10 Jahren geeignet

Günstigste Jahreszeit
April bis Oktober

Besondere Ausrüstung
Schutzhelme

Interessantes am Weg
Fachwerkhäuser, Mühlen

Wegmarkierung
Verschiedene (siehe Text)

Wenn wir uns zu dieser Tour aufs Rad schwingen, lernen wir einen Teil des *nördlichen Randes* vom *Odenwald* kennen. Wir stellen zwar fest, daß die Karten, die wir vorher zu Rate gezogen haben oder auf die wir während der Fahrt hilfesuchend blicken, nicht im-

mer sehr genau sind. Aber mit ein bißchen Abenteuergeist und viel Freude
lassen wir Radler uns nicht dadurch ab-
schrecken, daß wir manchmal schwer in
die Pedale treten und unser Fahrrad
auch hin und wieder schieben müssen.
Der Odenwald ist ein Gebirge, das
nicht nur aus Tälern besteht…
Vom Bahnhof Eberstadt radeln wir Richtung Eberstadt auf dem Radweg neben
der Pfungstädter Straße. Mitten im Ort,
der zu Darmstadt gehört, müssen wir
auf die Straße, die gesäumt ist von se-
henswerten alten Gebäuden, die teils in
Fachwerk errichtet worden sind. An der
Ampel überqueren wir die Heidelberger
Straße, fahren nach links und gleich
wieder rechts in die Oberstraße, nehmen die zweite Straße rechts, die Hein-
rich-Delp-Straße, die als Radwanderweg Nr. 15 gekennzeichnet ist: weißes
Fahrrad und weiße Ziffern auf grünem
Feld. Auf einer Brücke überqueren wir
die Modau, der wir bald wieder begegnen werden. Jetzt biegen wir in die
Odenwaldstraße ein und folgen nicht
dem Radwanderweg 24, der rechts abzweigt. Wir haben inzwischen 2,5 Kilometer zurückgelegt und verlassen Eberstadt, indem wir links in den Hainweg
kurven. Nach dem *Spielplatz* (für Kinder
bis 12 Jahre) folgen wir rechts dem ma-
lerischen Weg neben dem Wasserlauf.
Rechts erstrecken sich Felder, dahinter
die Höhen des Odenwaldes, links mur-
melt und plätschert die Modau neben
dem gut befahrbaren Weg, der manchmal sehr schmal ist. Eine alte Stein-
brücke führt bald über den Fluß, wir
aber radeln weiter rechts am Gewässer
entlang und kommen nach einigen Minuten zur Kaisermühle, einem alten hohen Backsteinbau. Der Weg rechts daran vorbei ist nicht mehr befahrbar – er
führt nach einer Weile auf eine Weide.

**Dort drüben, zwischen den Bäumen schon
sichtbar: die Burg Frankenstein, das Ziel unserer
Radtour.**

Wir halten uns also links und fahren die
kurze Strecke bis zur Mühltalstraße, der
B 426, die wir nach rechts weiterfahren.
Neben uns fließt die Modau, durch die
Bäume hindurch sehen wir die *Alte Boh-
lenmühle*, die *Schleifmühle*, die *Pulvermühle*, die alle längst nicht mehr mah-
len.
Wenn wir kurz vor Nieder-Ramstadt
sind, das auf der linken Seite liegt, und
rechts die *Papiermühle*, die heute eine
moderne Fabrik ist, passiert haben, steigen wir vom Rad, schieben es die kurze
Böschung hinauf auf die alte Asphaltstraße, die sich parallel zur B 426 erstreckt. Frohgemut radeln wir weiter,
fahren zweimal rechtsherum – links im
Tal sehen wir die Straße, die nach Wa-
schenbach führt – und sind auf einem
Feldweg, der gut zu befahren ist und
auf den Kirschberg führt. Links im Tal
sehen wir die *Pink-Mühle*, dann kommen wir in den Wald, und unversehens
steht vielleicht ein Reh auf dem Weg. Es
wundert sich über die Radfahrer und

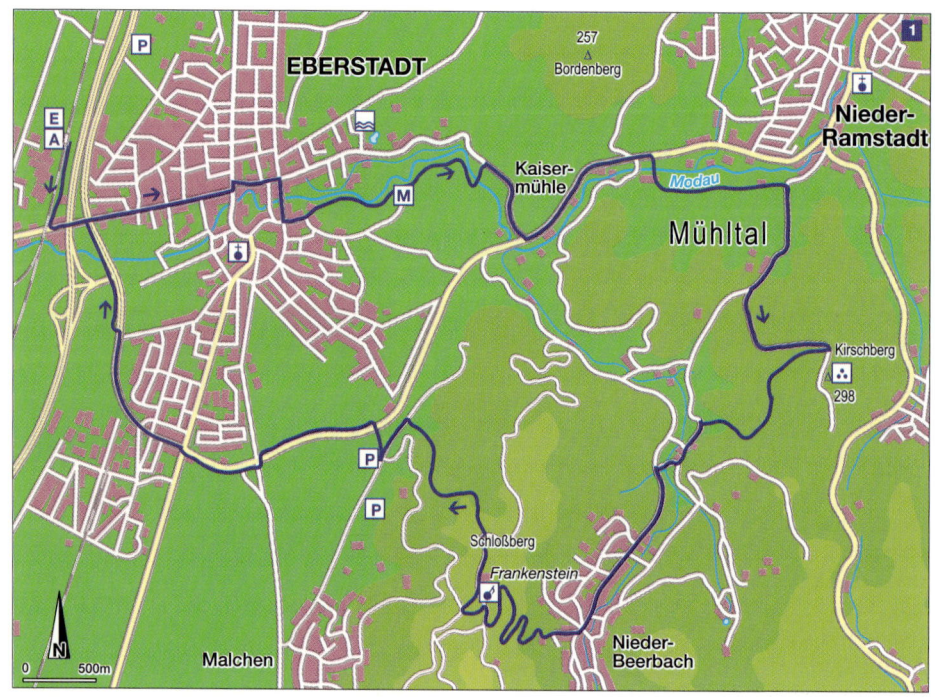

springt in den Wald hinein. Am besten schieben wir unser Rad eine kurze Strecke, dann haben wir die Höhe von 298 Metern erklommen. Ist jetzt Zeit für ein Picknick im Wald?

Zumindest eine Verschnaufpause sollten wir uns gönnen und die Natur genießen. Dann geht es im Wald bergab, immer den Hauptweg entlang, bis wir am Waldesrand ankommen und auf den Weg treffen, der gekennzeichnet ist mit einem kleinen weißen Kringel in einem größeren weißen Kreis. Wir folgen dem Weg nach links. Nach der *Waldmühle* biegen wir rechts in den Asphaltweg ein, der auf die Mühlstraße führt, die links nach Nieder-Beerbach geht. Eine leichte Steigung ist zu bewältigen, und nach einer Fahrtzeit von ungefähr 70 bis 80 Minuten und einer zurückge-

legten Strecke von 14 Kilometern seit unserer Abfahrt kommen wir in Nieder-Beerbach am *»Darmstädter Hof«* an. Sollten wir kein Picknick auf dem Kirschberg gemacht haben, schieben wir unsere Räder in den Hof und gehen in die Gaststube, wo wir freundlich bewirtet werden.

Rechts vom *»Darmstädter Hof«* führt der Frankensteiner Weg bergauf. Diesen Weg nehmen wir und mißachten das Schild, das den Autofahrern den Weg zur Burg Frankenstein geradeaus weist. Je nach Kondition und Gangschaltung radeln oder schieben wir Teile des Weges zur Burg hinauf. An der Lindwurm-Anlage einem Spielplatz mit Grillhütte links im Wald, besuchen wir den Lindwurm, der gar nicht so groß und gräßlich aussieht. Der sagenhafte Lindwurm,

gegen den im Jahr 1521 der Ritter Georg von Frankenstein kämpfte, war sicher viel größer und gräßlicher. Der
Kampf endete unentschieden – beide
überlebten ihn nicht. Nach der Lindwurm-Anlage fahren wir links den be-
quemen Waldweg hoch, bis wir auf
eine Asphaltstraße stoßen, die uns
rechts zur Burg Frankenstein führt. Weil
wir auf einigen steilen Wegabschnitten
unser Fahrrad geschoben haben, ist
jetzt eine halbe Stunde seit Nieder-Beerbach vergangen, insgesamt sind wir 17
Kilometer gefahren, wenn wir nun durch
das Burgtor in den Burghof fahren.
Burg Frankenstein ist eine alte Festung,
die erstmals im Jahr 1252 erwähnt wurde. Fast 250 Jahre hausten die Frankensteiner hier, immer wieder im Streit mit
den Landgrafen von Hessen, deren Gebiet sich um die Burg erstreckte. Nach
dem Dreißigjährigen Krieg verließen die
Frankensteiner ihre Burg und zogen sich
auf ihre Besitzungen in Franken zurück.
1814 – jetzt hat eine junge Frau von
damals erst 17 Jahren ihren Auftritt:
Mary W. Shelley, verheiratet mit dem
berühmten englischen Dichter, besucht
den Kontinent und kommt auch an die
Bergstraße. Die dräuende Burg inspi-
riert sie später zu einem romantischen
Roman über die schier grenzenlosen
Möglichkeiten der Wissenschaften: Der
Baron Victor von Frankenstein erschafft
aus Teilen von Verstorbenen einen neu-
en Menschen. Frankensteins Monster
geistert seit 1818, als das Buch erschien,
durch die Phantasie einer Millionen-
schar von Lesern, es flimmert in unzähli-
gen Filmen von der Kinoleinwand und
vom Fernsehschirm. Mary Shelley hat
viele literarische Nachahmer und Nachfolger gefunden. Am Kiosk im Burghof
kaufen wir eines dieser Bücher, um uns
heute abend schön zu gruseln. Wenn

Keine Angst, Frankensteins Monster lauert nicht
in den Mauern der alten Burg. So steigen wir auf
den Turm und blicken weit über den Odenwald
hin.

wir zum Monsterfestival im Oktober und
November wieder zur Burg Frankenstein
kommen, erleben wir das Monster live.
Wer will, macht nun eine kleine Wande-
rung von der Burg in südlicher Richtung
zum 420 Meter hohen *Magnetberg* mit
seinen Magnetsteinen; der Weg ist gekennzeichnet durch eine rote Raute. In
einer knappen Stunde sind wir wieder
zurück. Wer einen Kompaß dabei hat,
kann feststellen, daß die Magnetsteine
das Gerät vom richtigen Kurs abbrin-
gen.

Nun zurück nach Eberstadt, das wir nach 7 Kilometern erreichen werden! Wir halten uns vor dem Parkplatz rechts und radeln durch den Wald. Nicht den Weg an der Gabelung rechts nehmen, der steil bergab führt und mit einem weißen waagerechten Strich gekennzeichnet ist! Wir fahren vorsichtig links die Serpentinen hinab. Ein *Helm als Kopfschutz* ist für den Fall des Falles empfehlenswert. Wir erreichen eine Asphaltstraße, in die wir nach rechts einbiegen. Bevor diese auf die B 426 trifft, biegen wir links in den Wald ein und überqueren auf einer Fußgänger- und Radfahrerbrücke rechts die Bundesstraße. Nun radeln wir den Schotterweg nach links entlang und erreichen zwischen Wohngebiet rechts und Wald links Eberstadt, überqueren die Seeheimer Straße und die Heidelberger Landstraße (anhalten, auch wenn die Ampel Grün zeigt; erst nach links und dann nach rechts schauen; wenn die Straße frei ist, schieben wir unser Rad über die Straße). In der Grenzallee biegen wir nach rechts in den Stockhausenweg, fahren bis zum Ende, halten uns links, fahren die Nußbaumallee entlang und kurven vor dem Spielplatz in den Wald; jetzt folgen wir dem Radwanderweg B 17 (grünes Schild) bis zur Pfungstädter Straße, überqueren sie an den Ampeln und radeln links Richtung Bahnhof zu unserem Ausgangsort.

Variante: Wer den etwas beschwerlichen Waldweg vom Burgberg ins Tal scheut, fährt den Weg nach Nieder-Beerbach zurück, dann geht's links die Mühlstraße entlang Richtung Eberstadt, die als Radwanderstraße nicht zuviel Verkehrsaufkommen hat. Bei der B 426 kann der Radwanderweg 24 benutzt werden.

16

Informationen zur Tour

A Anfahrt
Mit dem Pkw: Auf der A 5 von Norden oder Süden kommend, Abfahrt Pfungstadt-Eberstadt, bis zur B 3/426, links bis Pfungstädter Straße, links rein, nach der Unterführung rechts auf den Parkplatz
Mit der DB: Bis Bahnhof Darmstadt-Eberstadt

Ausgangsort
Bahnhof Eberstadt

Zielpunkt
Wie Ausgangsort

Kinderfreundliche Bewirtungen
• Darmstädter Hof, Kreuzgasse 3, 64367 Nieder-Beerbach (Mühltal 3), Tel. 06151/55 4 56, Sa, So 11.30 – 22 Uhr, Mo – Fr 11.30 – 14 Uhr, 17 – 22.30. Fahrräder können im Hof geparkt werden
• Burg Frankenstein, Aussichtsrestaurant, Terrassencafé, 64367 Mühltal (über Nieder-Beerbach), Tel. 06151/54 6 18, Mo – So 11 – 22 Uhr (Mai bis Oktober kein Ruhetag)

Sehenswürdigkeiten
• Burg Frankenstein, 64367 Mühltal (über Nieder-Beerbach), Tel. 06151/54 6 18, täglich 10 – 24 Uhr
• Monsterfestival an den zwei letzten Wochenenden im Oktober, am ersten im November

i Auskunft
Gemeindeverwaltung Mühltal, Ober-Ramstädter Straße 2 – 4, Tel. 06151/14 17 43

Geeignetes Kartenmaterial
• Freizeitkarte Darmstadt/Dieburg (1:30 000), Magistrat der Stadt Darmstadt, Kreisausschuß des Landeskreises
• Naturpark Bergstraße – Odenwald, Nordwest (1:50 000), Hess. Landesvermessungsamt

2 Von Bensheim-Auerbach über das Auerbacher Schloß zum Fürstenlager

Tourenlänge
13,7 Kilometer

Durchschnittlicher Zeitbedarf
2 Stunden Fahrtzeit

Etappen
Auerbacher Schloß, Fürstenlager

Steigung
Leicht, stark zum Auerbacher Schloß

Beschaffenheit des Geländes
Berg und Tal, Bach und Wald

Beschaffenheit der Wege
Asphaltstraßen und -wege, befestigte Waldwege

Verkehrssicherheit
Hoch

Altersgruppe
Für Kinder ab 10 bis 12 Jahren geeignet

Günstigste Jahreszeit
Pfingsten (wegen des Ritterturniers), sonst März bis Oktober

Wegmarkierung
Verschiedene (siehe Text)

Pfingsten, das liebliche Fest, ist der richtige Zeitpunkt für unseren Ausflug in die Natur und in die Geschichte. Vom Bahnhof Auerbach, einem Ortsteil von Bensheim, fahren wir auf der Otto-Beck-Straße bis zur Darmstädter Straße, wie die B 3/»Bergstraße« hier im Ort heißt. Auf dem Radweg neben der Straße geht es bis zur Burgstraße rechts, die wir hinauf fahren; am Ortsrand biegen wir

nach links in die Mierendorffstraße, nach etwa 1 Kilometer geht es in Serpentinen rechts hoch, Richtung *Auerbacher Schloß*. Diese kleine Asphaltstraße ist eine Einbahnstraße den Berg hoch; je nach Kondition und Gangschaltung müssen wir vielleicht nicht absteigen und schieben. Seit unserer Abfahrt vor einer knappen Stunde haben wir 5,2 Kilometer zurückgelegt und die Ruine vom Auerbacher Schloß erreicht, das auf einer Höhe von 346 Meter liegt. Die Räder parken wir im Schloßhof.
Vermutlich war es der Graf von Katzenelnbogen, der im 13. Jahrhundert diese bedeutendste Schloßanlage der Bergstraße errichten ließ. Im Lauf der Zeit verändert und umgebaut, kam das Schloß 1479 an Hessen, wurde im Dreißigjährigen Krieg (1618 – 1648) zerstört und verfiel. Seit 1850 wurde es teilweise restauriert. Von den beiden Türmen ist der nördliche Turm als Aussichtsturm hergerichtet, von dem eine weite Sicht über den Rhein, die Bergstraße und in den Odenwald möglich

Die Löwen des alten Goethebrunnens speien kein Wasser mehr. Aber die schattige Anlage bei Mühltal an der Auer lädt Radler zur Rast ein.

Spieß, Schwert, Axt und Morgenstern aus. Bei den weniger gefährlichen Spielen können Kinder und Erwachsene mitmachen. Es ist wie im Kino oder im Fernsehen, nur größer, bunter und live.

Wenn die Vorstellung, die uns ins Mittelalter gezaubert hat, zu Ende ist, verlassen wir das Schloß, fahren zum Parkplatz, dann rechts die kleine Asphaltstraße hinunter, die als Einbahnstraße in vielen Kurven bei der Ateliermühle auf die Mühltalstraße trifft. Wir fahren nach links Richtung Hochstädten, biegen rechts beim Weiler **Mühltal** ein, ein Schild weist uns den Weg: *Fürstenlager*. An dieser Abzweigung liegt links der **Goethebrunnen** von 1784, in dem das Wasser aber nicht mehr sprudelt. Am Waldrand biegen wir rechts ein und radeln die Auer, die unter uns zu Tal fließt, entlang, den gelben Wegzeichen F und der 4 im Kreis folgend. Beim Christlichen Erholungsheim Waldesruh halten wir uns links und treffen im **Staatspark Fürstenlager** auf die Bachgasse. Seit der Abfahrt vom Schloß sind etwa 30 Minuten vergangen, in denen wir 5,5 Kilometer zurückgelegt haben.

Waren wir vorhin noch im Mittelalter, sind wir jetzt in der Welt, die sich die Darmstädter Grafen und späteren Großherzöge vor 200 Jahren erschaffen ließen. Eine heilkräftige Quelle wurde 1767 in den **Guten Brunnen** gefaßt, hierum entstanden als **Sommerresidenzen** das Herrenhaus, der Damenbau, der Kavalierbau, die Wache und einige Wirtschaftsgebäude. Wir fahren weiter bis zur **Eremitage** und kehren um; die kleineren Wege überlassen wir den Spaziergängern.

Die Bachgasse führt uns aus dem Fürstenlager hinaus und bringt uns in Auerbach auf die Verlängerung der Mühltal-

ist. Wir sehen von hier oben auch hinüber zum benachbarten *Melibokus* oder *Malschen*, mit 517 Metern die höchste Erhebung an der Bergstraße.

Weil Pfingsten ist, wird an beiden Feiertagen auf dem Auerbacher Schloß das **Ritterturnier** veranstaltet. Bunte Zelte sind im Schloßhof aufgebaut, Korbflechter, Glasbläser und Frauen an Spinnrädern zeigen ihre Kunst, für zünftiges Essen und Trinken ist gesorgt. Sänger und Gaukler treten auf und bringen mit ihren Possen nicht nur die Kinder zum Lachen. Und dann preschen die edlen Ritter auf stolzen Rossen heran. Ihre Wettkämpfe tragen sie mit Lanze,

straße, die im Ort auch Bachgasse heißt. Am Straßenrand fließt in einem schmalen Kanal die Auer, kleine Holzstege führen darüber zu den Häusern. Jetzt geht's rechts die Darmstädter Straße hinein, dann biegen wir links in die Otto-Beck-Straße, die uns zum Bahnhof zurückbringt. Auf insgesamt 13,7 Kilometern waren wir im Mittelalter und in der Zeit des Barock gewesen, sind durch dichten Wald gefahren und haben in weite Täler geblickt.

Informationen zur Tour

 Anfahrt

Mit dem Pkw: Auf der A 5, von Norden Abfahrt Zwingenberg, rechts Berliner Ring bis Ziegelbachstraße rechts zum Bahnhof; von Süden Abfahrt Bensheim, dann Berliner Ring links hoch
Mit der DB: Bahnhof Bensheim-Auerbach

Ausgangsort

Bahnhof Bensheim-Auerbach

Zielpunkt

Wie Ausgangsort

Kinderfreundliche Bewirtungen

• Schloß Auerbach, Restaurant und Terrassencafé, Tel. 06251/27 923, täglich 11 – 22 Uhr, Mo Ruhetag
• Parkhotel Herrenhaus, Restaurant mit Café, Staatspark Fürstenlager, 64625 Bensheim, Tel. 06251/72 2 74, täglich 11 – 19 Uhr (Abendreservierung erforderlich)

 Sehenswürdigkeiten

• Schloß Auerbach, Ritterturniere zu Pfingsten (an beiden Feiertagen Beginn 11 und 16 Uhr),

Zu Pfingsten wird auf Schloß Auerbach das große und bunte Ritterturnier veranstaltet. Die kleinen und großen Zuschauer erleben Mittelalter live.

Sommertheater Juli bis August, Kartenvorbestellung unter Tel. 06251/72 9 23
• Staatspark Fürstenlager, Bachgasse, 64625 Bensheim, immer geöffnet

Auskunft

Tourist-Information, Rodensteinstraße 19, 64625 Bensheim, Tel. 06251/14 1 17

Geeignetes Kartenmaterial

• Stadtplan Bensheim (1:12 000), Städte-Verlag Fellbach
• Wander- und Radwanderkarte (1:25 000), Stadt Bensheim

3 Von Bensheim über Reichenbach zum Felsenmeer und Felsberg

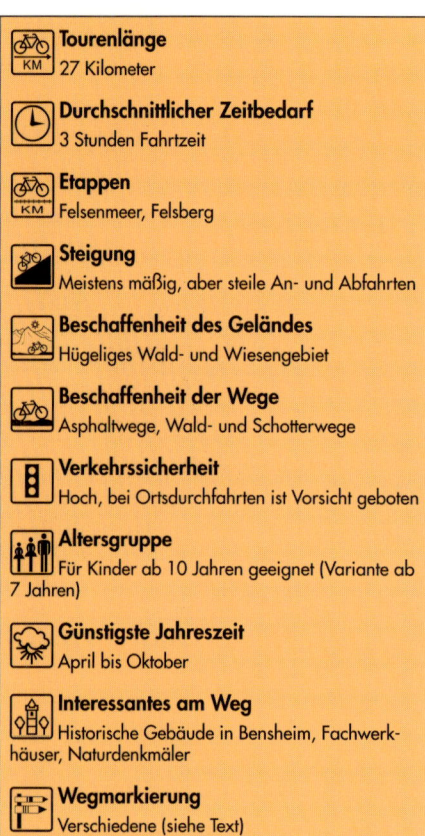

Tourenlänge
27 Kilometer

Durchschnittlicher Zeitbedarf
3 Stunden Fahrtzeit

Etappen
Felsenmeer, Felsberg

Steigung
Meistens mäßig, aber steile An- und Abfahrten

Beschaffenheit des Geländes
Hügeliges Wald- und Wiesengebiet

Beschaffenheit der Wege
Asphaltwege, Wald- und Schotterwege

Verkehrssicherheit
Hoch, bei Ortsdurchfahrten ist Vorsicht geboten

Altersgruppe
Für Kinder ab 10 Jahren geeignet (Variante ab 7 Jahren)

Günstigste Jahreszeit
April bis Oktober

Interessantes am Weg
Historische Gebäude in Bensheim, Fachwerk-häuser, Naturdenkmäler

Wegmarkierung
Verschiedene (siehe Text)

Heute wollen wir zum meistbesuchten Berg im Odenwald. Am Bensheimer Bahnhof beginnt unsere Tour. Wir fahren auf der B 3/47, der »Bergstraße« und »Nibelungenstraße«, hier Rodenstein-straße genannt, Richtung *Michelstadt/ Lindenfels* durch die Weinstadt Bensheim an der Bergstraße, die erstmals im Jahr 765 urkundlich erwähnt wurde. Am Ritterplatz führt nach links die Bergstraße als Darmstädter Straße. Wir blicken auf den *Rodensteiner Hof*, ein Anwesen aus dem 18. und 19. Jahrhundert, und das darin untergebrachte Café Ernst Ludwig, das nach dem Großherzog von Hessen benannt ist. Auf der rechten Seite erhebt sich bald der Rote Turm aus der Zeit um 1300. Am Ausgang von Bensheim beginnt der Radweg neben der B 47, der »Nibelungenstraße«; manchmal müssen wir uns den Radweg mit den Fußgängern teilen, dann sind wir vorsichtig und nehmen Rücksicht.

Wir kommen durch die Bensheimer Ortsteile, die früheren Dörfer Schönberg und Wilmshausen. Bei Elmshausen wechseln wir die Straßenseite und radeln weiter neben der »Nibelungenstraße« bis Reichenbach, dem zentralen Ort der Großgemeinde Lautertal. Weil es immer leicht bergauf ging, haben wir für die 7 Kilometer etwa eine Stunde gebraucht.

Rechts vor dem Gasthof »Zur Traube« lenkt uns ein Wegweiser nach links zum Felsenmeer. Vorsichtig überqueren wir die Straße. Wenn wir zur Abzweigung nach Beedenkirchen kommen, biegen wir nicht nach rechts ab, sondern folgen dem Seifenwiesenweg geradeaus, richten uns nach dem Wegweiser »Fußweg zum Felsenmeer«, der mit einem blauen Dreieck gekennzeichnet ist. Immer weiter geht es mäßig bergauf bis zur Wegegabelung. Jetzt folgen wir nicht mehr dem blauen Dreieck, sondern dem grünen Schild »Felsenmeer« und erreichen bald den Parkplatz gleichen Namens. Hier gibt es einen Kiosk, einen *Spielplatz* und eine Toilette. Eine Informationstafel empfiehlt den Wanderern drei verschiedene Wege zum Felsenmeer (siehe Variante).

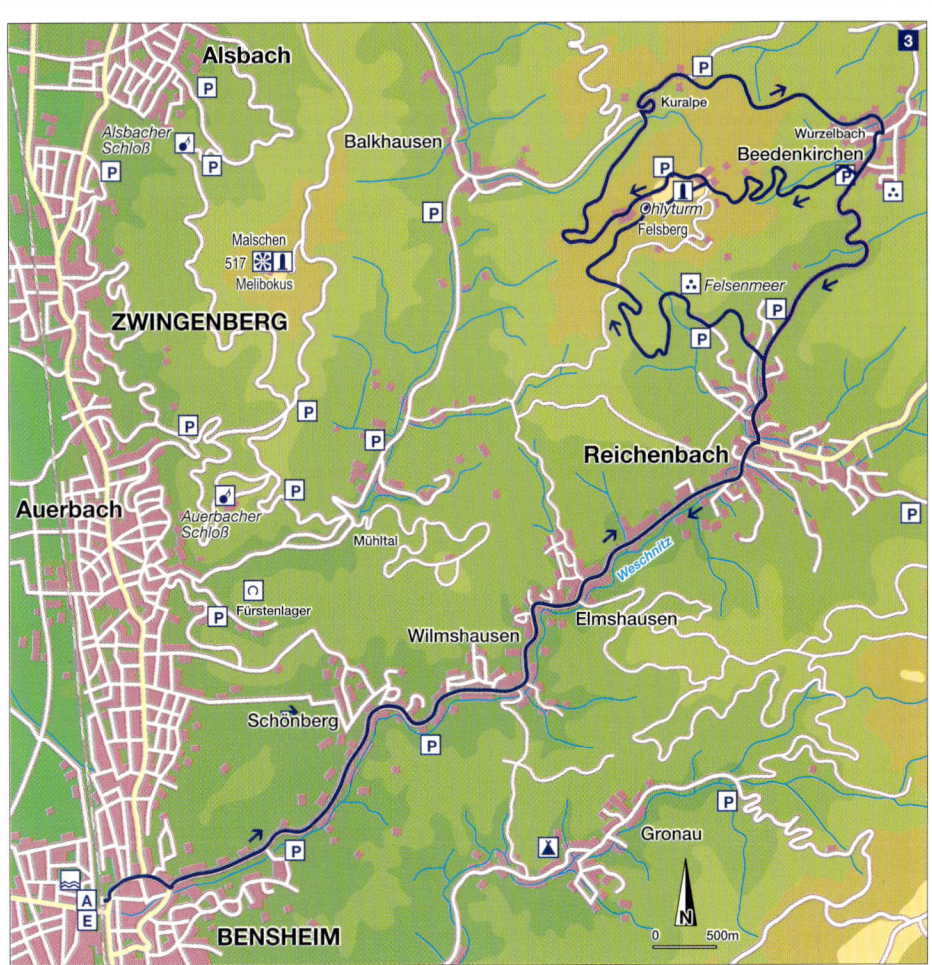

Wenn wir die Fahrräder nicht hier parken, folgen wir dem weißen F nach links, um den Gipfel des Felsberges zu erreichen. Auf dem großen Waldweg müssen wir nicht viel schieben: Mit guter Gangschaltung geht es in vielen Kurven bergan. Jetzt kommen wir an das berühmteste **Felsenmeer** des Odenwaldes; einige kleinere Felsenmeere gibt es an verschiedenen Stellen dieses Mittelgebirges. Es sind Anhäufungen von wi-

derstandsfähigen Granitblöcken, die der viele tausend Jahre währenden Verwitterung standgehalten haben. Die *Sage* weiß eine andere als die nüchterne geologische Entstehungsgeschichte.
Es war einmal vor langer Zeit, da lebten zwei Riesen im Odenwald. Der eine wohnte auf dem Felsberg, der andere auf dem Berg südöstlich davon, Hoher Stein geheißen. Als sie eines Tages miteinander in Streit gerieten, bewarfen

21

Das Felsenmeer mit seinen Granitblöcken verführt zu gefahrlosem Klettern. Obwohl das Meer aus Felsen unter Naturschutz steht, ist zu unserer Freude das Klettern nicht verboten.

sie sich mit den Felsen. Der Riese vom Hohen Stein hatte einen größeren Vorrat und begrub seinen Gegner unter dem Gesteinshagel. Und wenn man fest mit dem Fuß aufstampft, dann hört man den Riesen, der unter den Felsen liegt, schmerzvoll stöhnen.

Am Fuß des Felsenmeeres besuchen wir **Siegfrieds Quelle**, wo aus dem Gestein ein Wasser hervorsprudelt. Es ist eine von mehreren Stellen im Odenwald, wo der Sage nach Hagen den jungen Recken erschlagen haben soll (auf einer anderen Tour besuchen wir den Siegfriedbrunnen bei Grasellenbach).

Die Granitblöcke, die sich vom Berg herabschieben, stehen als Felsenmeer unter Naturschutz, laden aber nicht nur Kinder zum Klettern ein. Wer gute Schuhe anhat (zum Radfahren haben wir geeignetes Schuhwerk), für den ist *nicht* »Klettern verboten«.

Zum Teil fehlen an den Wegen am Felsberg die Markierungen. Nach etwa 20 Minuten erreichen wir radelnd eine Wegegabelung, folgen dem Weg, der rechts weiterführt (der linke endet bald in einem Fußpfad) und fahren am Rande des Hohen Steins entlang, bis wir am Waldrand an eine Straße kommen, der wir links ein Stück weit folgen, um beim Parkplatz »Römersteine« wieder in den Wald einzubiegen. Wir benutzen den Waldweg mit den runden Wegmarkierungen (Nummer 5 und 6), dann wählen wir links den Weg mit dem waagerechten gelben Strich. Beim **Riesensarg**, einem so genannten riesigen Granitblock, folgen wir der gelben 6 und 7 im gelben Kreis, dann weiter der 7, dem Wegweiser *Ohlyturm* folgend. Seit dem Parkplatz »Felsenmeer« waren wir nun eine gute Stunde unterwegs und haben nur geringe Strecken schieben müssen. Jetzt sind wir auf dem Gipfel

An dieser Stelle, an Siegfrieds Quelle, soll es geschehen sein, daß der finstere Hagen den jungen Siegfried meuchlings gemordet hat. Andere Orte im Odenwald beanspruchen auch, Schauplatz dieser Tat zu sein.

des **Felsberges**, 514 Meter hoch. Am Gasthof »Felsberg« parken wir unsere Fahrräder und rasten. Hinter dem Parkplatz erhebt sich der **Ohlyturm**, ein alter Aussichtsturm, der aber zur Zeit wegen Gebäudeschäden geschlossen ist. Hoffentlich wird man bald wieder hinaufklettern und von hier aus weit in den Odenwald, zur Bergstraße und zur Rheinebene hin blicken können. Ohne unsere Räder machen wir einen kurzen Spaziergang zur **Riesensäule**, die fast zehn Meter lang ist, etwa 570 Zentner wiegt und von römischen Steinmetzen um das Jahr 250 hergestellt wurde. Nach dem Abzug der Römer aus dem Odenwald, die hier viele Steinmetzarbeiten gefertigt hatten, blieb die Säule zusammen mit einigen anderen Arbeiten liegen. Um dem heidnischen Götterglauben der Germanen zu dienen, wurde die Säule aufgerichtet, später mit einem Bildnis des heiligen Bonifatius geschmückt und dem Christentum gewidmet. Doch die heidnische Jugend feierte hier weiter ihre Frühlingsfeste, so daß die Säule um 1630/1645 gestürzt wurde. Auf dem **geologisch-historischen Lehrpfad** sehen wir andere Steine, wovon 327 unter Denkmalschutz stehen, so den Altarstein, das Krokodil, das Schiff und den Riesensessel.

Nach dem Aufstieg und dem Klettern in den Felsen haben wir eine leichte und schnelle Abfahrt verdient. Wir nehmen die kleine Asphaltstraße, die links am Waldgasthof vorbei und bergab führt. Am Fuß des Berges kommen wir auf die Straße, die von Balkhausen nach Staffel führt. Wir biegen rechts ein, radeln eine kleine Strecke bergauf und kommen zur **Kuralpe** im Norden des Felsberges. Beim Gasthof und beim Parkplatz biegen wir auf den Weg am Waldrand, markiert als Weg 7 im gelben Kreis, rechts ein. Nach einer leichten Steigung geht es links bergab zwischen Wiesen und Weiden (wir haben den Anblick der lieblichen Odenwaldhöhen vor Augen) bis nach **Wurzelbach**. Am alten Dorfbrunnen von 1813 biegen wir rechts in die Straße ein, wieder rechts an der Kreuzung Richtung *Lautertal*. Wir kommen durch **Beedenkirchen** und fahren – rechts von uns erhebt sich der Felsberg – auf einer nicht sehr befahrenen Straße hinab nach Reichenbach. Von hier geht's zurück nach Bensheim zum Bahnhof.

Variante: Für Kinder unter zehn Jahren oder nicht sehr geübte Radfahrer, denen wir die Teilstrecken zum Schieben nicht zumuten wollen, empfiehlt es sich, die Fahrräder auf dem Parkplatz »Felsenmeer« abzustellen. Von hier aus gibt es drei Rundwanderwege zum Felsenmeer. Der untere Felsenmeerweg führt durch den unteren Teil der Steinansammlungen und ist ein großes Kraxelvergnügen; nach einer dreiviertel Stunde sind wir wieder am Ausgangspunkt und radeln von hier nach Bensheim zurück. So bleiben immer noch insgesamt 18 Radelkilometer. Der mittlere Felsenmeerweg dauert anderthalb Stunden, der große schließlich zwei Stunden.

Informationen zur Tour

 Anfahrt

Mit dem Pkw: Von Norden oder Süden auf der A 5, Abfahrt Bensheim auf die B 47, nach der Unterführung links B 3/47 (Rodensteinstraße) zum Bahnhof auf der linken Seite
Mit der DB: Bahnhof Bensheim

Ausgangsort

Bahnhof Bensheim

Zielpunkt

Wie Ausgangsort

Fahrradverleih

• Biber's Treff, Heidelberger Straße 2, 64625 Bensheim, Tel. 06251/61 4 66
• Kelly's Hotel, Wormser Straße 14, 64625 Bensheim, Tel. 06251/10 10

Übernachtung unterwegs

• Kelly's Hotel, das erste deutsche Designer Hotel, in dem Kinder und Hunde stets willkommen sind, Wormser Straße 14, 64625 Bensheim, Tel. 06251/1010 (mit Fahrradverleih)
• Gasthaus-Pension »Zur Traube«, Nibelungenstraße 265, 64686 Lautertal 1 (Reichenbach), Tel. 06254/12 40, traditionsreiches Odenwälder Gasthaus mit schönem Biergarten, Hausmacherwurst-Spezialitäten aus Selbstschlachtung

Kinderfreundliche Bewirtung

Waldgasthof »Felsberg«, Felsberg 3, 64686 Lautertal 1 (Reichenbach), Tel. 06254/12 49, Sa + So 11 bis 22 Uhr, Di – Fr 12 – 22 Uhr, Mo Ruhetag

Sehenswürdigkeiten

• Felsenmeer, Zugang und Eintritt frei
• Museum der Stadt Bensheim, Marktplatz 13, 64625 Bensheim, Tel. 06251/140, Fr 16 – 18 Uhr, Sa 14 – 16 Uhr, So 10 – 12, 14 – 16 Uhr
• Felsbergmuseum, Lautertal-Beedenkirchen, Reichenbacher Straße 40, 64684 Lautertal, Tel. 06254/22 34, jeden 1. So im Monat 15 – 17 Uhr und nach Vereinbarung

Auskunft

Tourist-Information, Rodensteinstraße 19, 64625 Bensheim, Tel. 06251/12 17

Geeignetes Kartenmaterial

Wander- und Radwanderkarte (1:25 000), Stadt Bensheim

4 Von Weinheim nach Birkenau zum Exotenwald

 Tourenlänge
16 Kilometer

 Durchschnittlicher Zeitbedarf
2 bis 2,5 Stunden Fahrtzeit

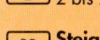 **Steigung**
Mäßige, teilweise starke Steigungen

 Beschaffenheit des Geländes
Wald, Wiesen, Parks

 Beschaffenheit der Wege
Straßen, zum Teil mit Radwegen, gut befahr-bare Feld- und Waldwege

 Verkehrssicherheit
Hoch, aber Vorsicht in der Stadt

 Altersgruppe
Für Kinder ab 10 Jahren geeignet

 Günstigste Jahreszeit
April bis Oktober

 Besondere Ausrüstung
Badesachen (für die Variante)

 Interessantes am Weg
Sonnenuhren, alter jüdischer Friedhof, historische Gebäude in Weinheim und Birkenau

 Wegmarkierung
Verschiedene (siehe Text)

Am Hauptbahnhof in **Weinheim** steigen wir auf unsere Räder, biegen in die Werderstraße ein und sind auf der Bergstraße, die nach links führt. An der nächsten Kreuzung weisen uns die Schilder nach rechts in den Odenwald auf der B 38, die uns nach Birkenau führt. Neben dieser Birkenauer Talstraße führt ein Radweg, den wir uns mit den Fußgängern teilen. Leicht bergan geht es neben der Weschnitz entlang, an deren Gewässer wir rechts einige Mühlen sehen, die nicht mehr in Betrieb sind. In der idyllisch gelegenen *Fuchsschen Mühle* ist heute ein Hotel mit Restaurant untergebracht. Nach etwa 20 Minuten und 4 Kilometern haben wir Birkenau erreicht.

Birkenau mit seinem alten Rathaus von 1552, dem ältesten erhaltenen Rathaus im Kreis Bergstraße, wird »das Dorf der Sonnenuhren« genannt. Der ehemalige Regierungsbaumeister Otto Seile hatte in den 60er Jahren die Idee, Sonnenuhren aufzustellen. Heute sind es mehr als 80 verschiedene Exemplare, die wir hier bewundern können. Ein Schmuckstück Birkenaus ist das **Barockschloß** des Barons Wambolt von Umstadt aus dem Jahr 1771. Es wird noch bewohnt und ist nicht zu besichtigen. Aber zu dem *Schloßpark*, 1787 von dem Gartengestalter von Sckell angelegt, hat jeder freien Zutritt. Auf den Wiesen und Wegen stolzieren Pfauen und andere exotische Vögel, Wasservögel bevölkern die Gewässer. Der Eingang zum Park liegt an der Ecke Haupt- und Brückenstraße. Die Brückenstraße, gekennzeichnet mit einem weißen X und einem blauen Punkt, radeln wir hinauf, wir überqueren die Weschnitz, biegen gleich links in die Kreuzgasse, kurven nach rechts und folgen beiden Wegzeichen. Wir sind auf der Straße nach *Kallstadt*; links oberhalb der Straße am Ortsausgang sehen wir die Grabsteine des **alten jüdischen Friedhofs**, am Tor lesen wir: »Schlüssel im Rathaus«. Wir folgen dem weißen und blauen Zeichen rechts den Weg »In den Mühlwiesen« hinunter, fahren durch ein kleines Wohngebiet und dann links in den Wald hinein, wo wir die zusätzlichen Wegmarkierungen 1, 2 und 3 im

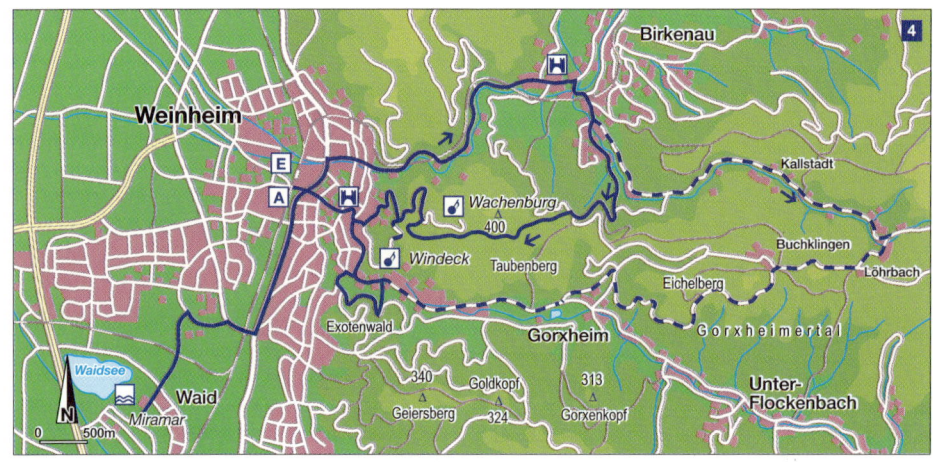

gelben Kreis finden. Der gut befahrbare Waldweg, der manchmal ansteigt und auf dem wir nur selten eine kurze Strecke schieben müssen, führt auf den Wachenberg, der eine Höhe von 399,5 Meter hat. Durch eine wunderschöne Waldlandschaft mit freien Blicken ins liebliche Tal springen manchmal Rehe. Links führt ein etwas beschwerlicher Weg zur Wachenburg hinauf, einer 1907 bis 1927 errichteten Anlage im alten Stil, die als Denkmal für die Gefallenen des Weinheimer Senioren-Convents (WSC) erbaut wurde. Wer diesen Abstecher scheut, fährt geradeaus und folgt den Zeichen 2 und 3 im gelben Kreis. Wenn sich der Weg gabelt und von oben der Weg von der Wachenburg herunterkommt, fahren wir nicht rechts nach Birkenau, sondern nehmen den linken Weg Richtung Weinheim; die Hinweisschilder sind in die hohen Bäume im Lauf der Zeit eingewachsen. Jetzt folgen wir dem weißen Quadrat, das uns bergab führt; nur einige leichte Steigungen sind noch zu bewältigen. Durch den schönen Wald fahren wir bis zur Asphaltstraße, die von der Wachenburg

herunterkommt. Bis jetzt haben wir insgesamt 8,8 Kilometer zurückgelegt. Wir biegen links ein, sehen vor uns den großen Steinbruch des Porphyrwerks; bremsend geht es in rascher Fahrt die Serpentinen der Wachenbergstraße bergab. An der nächsten Weggabelung geht es links zur Ruine der Burg Windeck, die 1 Kilometer entfernt ist. Diese zweitälteste Burg an der Bergstraße, um 1100 erbaut, wurde im 17. Jahrhundert zerstört.
Nach dem Besuch der Ruine, die teilweise wiederaufgebaut wird und eine Gaststätte in ihren Mauern beherbergt, fahren wir auf die Wachenbergstraße zurück und ins Tal. Der Alte Burgweg ist zum Radfahren vielleicht etwas zu steil. Wir kommen auf die Straße »Am Schloßberg«, die auf die Grundelbachstraße führt, der wir nach links folgen. Rechts erhebt sich der Hexenturm aus dem 13. Jahrhundert, in dem nach der Überlieferung die der Hexerei Angeklagten eingekerkert wurden. Wenn die Straße in die Müllheimer Talstraße übergeht, biegen wir in den teilweisen steilen Gassenweg ein.

26

Jetzt sind wir im berühmten Exotenwald, den wir bequem nach allen Richtungen durchradeln können. Mehr als 80 Baumarten aus aller Welt gedeihen hier dank des günstigen Klimas der Bergstraße. Zedern und Tulpenbäume, Zuckerahorn und Ginkgobäume, Hickory und Urweltmammutbäume und viel anderes Gehölz bestaunen wir. Der 1872 von Christian Freiherr von Berckheim begründete Exotenwald umfaßt ein Gebiet von fast 60 Hektar und wird als Ausflugsziel und von Wissenschaftlern aus aller Welt gern besucht. Hinweistafeln an den Wegen liefern interessante Informationen.

Am Weinheimer Schloßpark verlassen wir den Exotenwald. Rechts ein kleiner *Spielplatz*; im Park, dessen Besuch kostenlos ist, gleich rechts ein Vogelgehege und ein Teich, in dem es im Mai von Kaulquappen wimmelt. Wer ein gut verschließbares Gefäß zur Hand hat, fängt sich ein paar der wimmelnden Geschöpfe ein und züchtet daheim im Garten in einem Tümpel Frösche. Durch den Park schieben wir die Räder, um die Spaziergänger nicht zu erschrecken. Am Schloß, das heute als Rathaus dient, wurde seit 1400 gebaut; der Renaissancebau von 1537 war das Kurpfälzische Schloß, die Familie Berckheim ließ im 19. Jahrhundert einen Teil des Schlosses umbauen und den neugotischen Turm 1868 errichten.

Wir verlassen den Schloßpark durch das *Obertor*, den ältesten Teil des Schlosses, fahren die Obertorstraße hinunter bis zum *Marktplatz* mit seinen vielen alten Fachwerkhäusern und Gaststätten. Wir radeln nach rechts, biegen links in die *Gerbergasse* mit ihren historischen Häusern, stoßen auf die Grundelbachstraße, der wir nach links bis zur Bahnhofstraße folgen, die uns zum

Eine von den mehr als 80 Sonnenuhren in Birkenau. Im Schloßpark mit seinen Pfauen und anderen Vögeln wartet sie auf den Sonnenschein, um uns die Zeit anzuzeigen.

Ausgangs- und Zielpunkt unserer Tour bringt, die insgesamt 16,5 Kilometer lang war und gut 2 Stunden gedauert hat. Wer viele der Wege im Exotenwald abfährt, braucht natürlich mehr Kilometer und Zeit.

Variante: Nach Birkenau biegen wir nicht rechts in den Wanderweg ein, sondern bleiben auf der Straße nach Kallstadt, fahren weiter nach *Löhrbach*, biegen rechts ab nach *Buchklingen*. Der Geiersberg rechts erhebt sich 415 Meter, auch an dem Eichelberg, 361 Meter hoch, fahren wir links vorbei, 5 Kilometer geht es auf der wenig befahrenen Straße bergab; wir halten uns dann rechts Richtung Weinheim und biegen nach links an der Waldschule in den Exotenwald ein. Auf diesem Weg brauchen wir 2 Kilometer mehr.

Zusätzliche Variante: Vom Bahnhof aus fahren wir auf die Bergstraße, die B 3, Richtung Süden, biegen rechts in die Westtangente ein, die wir bald auf dem Multring verlassen, biegen nach links in die Waidallee und kommen nach 3,5 Kilometer zum Strandbad am Waidsee und zum Miramar.

Am Ortsausgang von Birkenau, links neben der Straße, ist der alte jüdische Friedhof. Seine verwitterten Grabsteine gemahnen uns, der Toten zu gedenken.

Informationen zur Tour

 Anfahrt

Mit dem Pkw: Von Norden und Süden A 5, Abfahrt Weinheim, dann rechts in die Mannheimer Straße, die beim Hauptbahnhof, der links liegt, auf die B 3 stößt
Mit der DB: Hauptbahnhof Weinheim

 Ausgangsort

Hauptbahnhof Weinheim

 Zielpunkt

Wie Ausgangsort

Fahrradverleih

Bikemaster, Steighausstraße 6, 69469 Weinheim, Tel. 06201/61 9 31

Übernachtung unterwegs

Hotel-Restaurant Winzerstube Goldener Pflug, Obertorstraße 5, Am Marktplatz, 69469 Weinheim, Tel. 06201/64 2 07, Öffnungszeiten des Restaurants: täglich 11.30 – 14 Uhr, 17.30 – 21 Uhr, Do Ruhetag

Kinderfreundliche Bewirtungen

• Restaurant und Gartenterrasse Fuchssche Mühle, 69469 Weinheim, Birkenauer Talstraße 10, Tel. 06201/61 031, täglich 12 – 14 Uhr, 18 – 21 Uhr
• Burgschenke Wachenburg, Tel. 06201/12 1 73, täglich ab 10 Uhr, Mo + Di Ruhetag
• Gaststätte Burgruine Windeck, Tel. 06201/12 4 81, täglich ab 10 Uhr, Mo Ruhetag

Sehenswürdigkeiten

• Freibad Birkenau am Ortsausgang Richtung Reisen, 15. Mai bis 15. Sept. täglich 8 – 20 Uhr
• Barockschloß Birkenau ist bewohnt, aber der Schloßpark mit Springbrunnen, Pfauen und Wasservögeln ist täglich zwischen 9 und 20 Uhr geöffnet
• Exotenwald Weinheim, Führungen jeden Samstag von Apr. bis Sept., 16 Uhr
• Schau- und Sichtungsgarten Hermannshof, Babostraße 5, 69469 Weinheim, Tel. 06201/13 6 52, Apr. bis Aug. täglich 10 – 19 Uhr, Mitte bis Ende März und Sept. bis Mitte Okt. täglich 10 – 18 Uhr (2,2 Hektar große, 200 Jahre alte Gartenanlage)
• Miramar. Das Wellen- und Freizeitbad. Waidallee 100, 69469 Weinheim, Tel. 06201/60 0 00, Sa 9 – 24 Uhr, So + feiertags 10 – 22 Uhr, Mo – Do 9.30 – 22 Uhr, Fr 9.30 – 24 Uhr

Auskunft

• Kultur- und Verkehrsamt, Hauptstraße 119, 69488 Birkenau, Tel. 06201/39 7 46
• Verkehrsverein, Bahnhofstraße 15, 69469 Weinheim, Tel. 06201/99 11 17

Geeignetes Kartenmaterial

• Stadtplan Weinheim (1:15 000), Städte-Verlag Fellbach
• Wanderkarte Mittlere Bergstraße und Vorderer Odenwald (1:15 000), Verkehrsverein Weinheim

Von Schriesheim zum Waldschwimmbad **5**

5 Von Schriesheim zum Besucherbergwerk und Waldschwimmbad

	Tourenlänge
	8 Kilometer

Durchschnittlicher Zeitbedarf
1 Stunde Fahrtzeit

Steigung
Mäßig

Beschaffenheit des Geländes
Ortsdurchfahrt, Landstraße

Beschaffenheit der Wege
Asphaltstraße

Verkehrssicherheit
Die Straße ist wenig befahren

Altersgruppe
Für Kinder ab 7 Jahren geeignet

Günstigste Jahreszeit
Mai bis September

Besondere Ausrüstung
Badesachen

Heute wollen wir eine kurze Radtour unternehmen, bei der trotzdem für Abwechslung gesorgt ist. Vom OEG-Bahnhof Schriesheim oder vom Parkplatz links der Talstraße, die in Richtung Altenbach führt, starten wir und radeln bergauf, um nach wenigen Minuten wieder abzusteigen. Ist die Straße frei, überqueren wir sie und folgen dem Wegweiser zum **Besucherbergwerk Grube Anna-Elisabeth** und schieben die Räder die steile Auffahrt hinauf, wo wir sie auf der Terrasse der Gaststätte par-

ken. Jetzt sehen wir schon am Berg einen Eingang in die Welt unter der Erde. Vor der Führung, die etwa 45 Minuten dauert, erhalten wir gelbe Umhänge und Schutzhelme.

Staunend betreten wir die Stollen und Schächte der Grube, die erstmals im Jahr 1475 urkundlich erwähnt wurde. Mit einigen Unterbrechungen arbeiteten hier bis 1817 die Bergleute, die in den ersten Jahrhunderten Silber abbauten. Später wurde im Schriesheimer Bergwerk Eisenvitriol (Eisensulfat) abgebaut

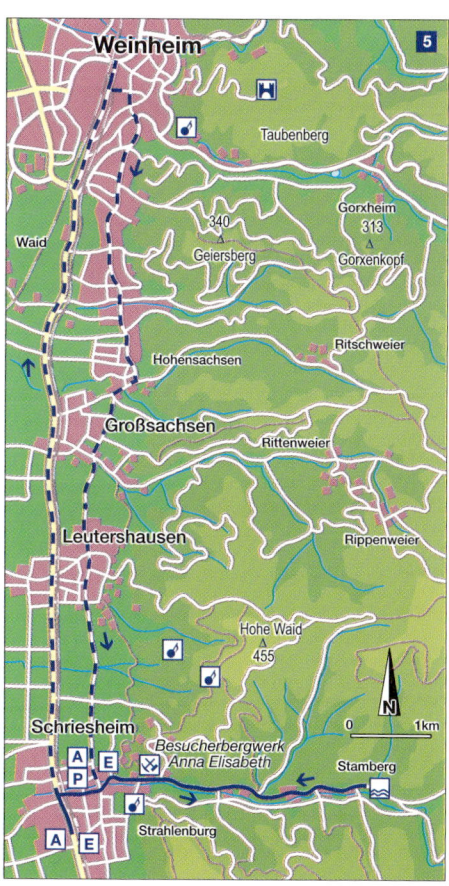

Wer das Besucherbergwerk Grube Anna-Elisabeth betritt, wird mit zünftigen Schutzhelmen und Umhängen versehen, um unbeschadet die Welt unter Tage zu erleben.

und verarbeitet; dieses Eisensalz wird für die Gerberei und zur Holzkonservierung gebraucht. Im Jahr 1985 begannen die Mitglieder eines Vereins mit den Ausbauarbeiten der stillgelegten Anlage und schufen das Besucherbergwerk, das seit 1988 zu besichtigen ist. Teile der Außenanlage und das Sudhaus aus dem 18. Jahrhundert sind erhalten geblieben. In einem der Gebäude befindet sich eine Gaststätte; hier können wir schöne Mineralien kaufen.

Wir fahren die leichte Steigung nach dem Besuch des Bergwerks weiter und kommen an Gaststätten und einem

Campingplatz auf der rechten Seite vorbei, an der auch der Kanzelbach plätschert, und erreichen nach einer kurzen Fahrtzeit das große **Waldschwimmbad**. Die Rückfahrt führt nun die Talstraße abwärts nach Schriesheim, das wir in einer Viertelstunde mehr bremsend als tretend erreichen. Wer jetzt noch Lust auf ein Vergnügen hat, parkt die Räder und steigt den kurzen Weg zur **Ruine Strahlenburg** hinauf. Von dieser Anlage, die aus dem 12. und 13. Jahrhundert stammt, in der auch eine Gaststätte untergebracht ist, haben wir einen schönen Blick über Bergstraße und Rheintal. *Variante*: Wem diese Tour zu klein und zu leicht ist, der startet in Weinheim und fährt die rund 10 Kilometer bis Schriesheim auf dem Radweg der B 3 (Bergstraße) oder auf dem Radwanderweg östlich davon über Hirschberg nach Schriesheim.

Informationen zur Tour

A Anfahrt
Mit dem Pkw: Auf der A 5 von Norden oder Süden, Abfahrt Schriesheim
Mit der Bahn: Von Weinheim oder Heidelberg mit der OEG (Oberrheinische Eisenbahngesellschaft AG) nach Schriesheim

Ausgangsort
Parkplatz oder Bahnhof in Schriesheim

Zielpunkt
Wie Ausgangsort

R Rückfahrt
Wie Hinfahrt

Kinderfreundliche Bewirtung
Gaststätte im Besucherbergwerk Grube Anna-Elisabeth

6 Von Heidelberg übers Schloß nach Schlierbach

Über Schriesheim erhebt sich die Ruine Strahlenburg, die uns einlädt, von hier weit ins Rheintal und auf die Berge des Odenwaldes zu schauen.

🏛 Sehenswürdigkeiten
• Besucherbergwerk Grube Anna-Elisabeth, Talstraße 157, 69198 Schriesheim, Apr. – Okt. jeden So 11 – 17 Uhr, Gruppen nach Vereinbarung, Tel. 06203/68 1 67
• Strahlenburg (mit Café und Restaurant), Mi – Fr 15 – 24 Uhr, Sa ab 10 Uhr

ℹ Auskunft
• Stadtverwaltung, 69198 Schriesheim, Tel. 06203/60 20
• OEG, Tel. 06221/82 140

📖 Geeignetes Kartenmaterial
Odenwald Südwest (1:50 000), Landesvermessungsamt Baden-Württemberg

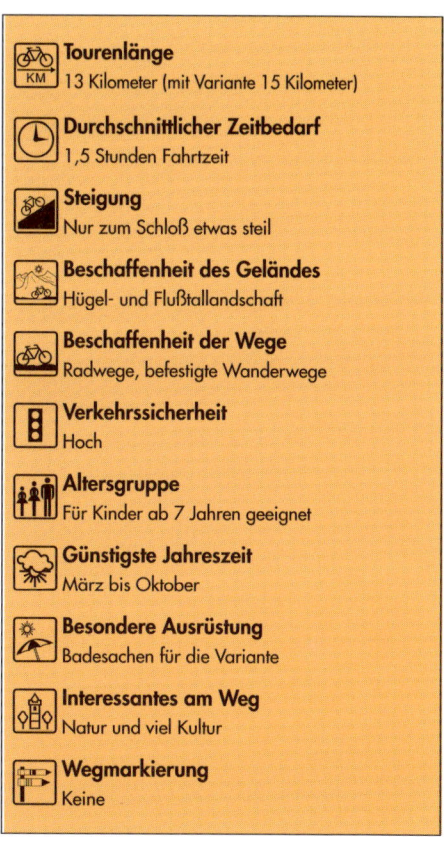

🚲 KM	**Tourenlänge** 13 Kilometer (mit Variante 15 Kilometer)
🕐	**Durchschnittlicher Zeitbedarf** 1,5 Stunden Fahrtzeit
	Steigung Nur zum Schloß etwas steil
	Beschaffenheit des Geländes Hügel- und Flußtallandschaft
	Beschaffenheit der Wege Radwege, befestigte Wanderwege
	Verkehrssicherheit Hoch
	Altersgruppe Für Kinder ab 7 Jahren geeignet
	Günstigste Jahreszeit März bis Oktober
	Besondere Ausrüstung Badesachen für die Variante
	Interessantes am Weg Natur und viel Kultur
	Wegmarkierung Keine

»Ich hab' mein Herz in Heidelberg verloren.« Der Dichter dieses Liedes, Fritz Löhner-Breda, wurde 1942 im KZ Auschwitz ermordet, aber den Schlager singt man noch heute, nach fast sieben Jahrzehnten. Daß man sein Herz an Heidelberg verlieren kann, erleben wir auf dieser Tour durch die Stadt und ihre Umgebung. Vom *Hauptbahnhof* kommend, schieben wir unsere Räder über

die Kreuzung, fahren dann die Mittermaierstraße Richtung Neckar und biegen rechts in die Schurmannstraße ein,
wo wir, wenn wir mit dem Auto gekommen sind, leicht einen Parkplatz finden.
Da Heidelberg eine radfahrerfreundliche Stadt ist mit vielen Radwegen, fahren wir auf einem Radweg neben der
Schurmannstraße, dürfen in Einbahn-
straßen einbiegen und in Fußgängerzo-
nen radeln (Verkehrsschilder weisen
darauf hin). Noch fahren wir nebem
dem Neckar, auf dem die Ausflugsschif-
fe kreuzen. Rechts sehen wir das Kon-
greßhaus *Stadthalle* aus der Zeit der
Jahrhundertwende, das einige schöne
Jugendstilelemente aufweist. Dann kommen wir am *Marstall* vorbei, einem Gebäude aus dem späten 17. Jahrhundert, das heute als Mensa der Universität dient. Wir können in die Pfaffengasse rechts einbiegen, in dem die
*Reichspräsident-Friedrich-Ebert-Ge-
denkstätte* im Geburtshaus des ersten
demokratischen Reichspräsidenten
Deutschlands eingerichtet ist. In der
Haspelgasse steht das *Haus Cajeth* von
1735, heute ein Museum für »Primitive
Malerei im 20. Jahrhundert«. Die Steingasse rechts hoch bringt uns auf den

Fischmarkt mitten in der Altstadt. Wir
stehen nun vor der Heilig-Geist-Kirche,
die von 1399 bis 1441 erbaut wurde.
An die Kirche schmiegen sich unzählige
Verkaufsstände, die von den Touristen
gern besucht werden. Wir fahren quer
über den Platz und sind auf dem Marktplatz, an dessen linker Seite sich das
Rathaus erhebt, das ab 1701 errichtet
wurde.
Wir fahren links zum Kornmarkt. Hier
können wir die Räder parken und mit
der Bergbahn zum Schloß fahren. Die
Bergbahn nimmt – entgegen anderslau-
tenden Informationen – in der Regel keine Fahrräder in ihren Abteilen mit. Wer
mit dem Rad zum Schloß will, was bei
guter Kondition und guter Gangschaltung möglich ist, fährt die Bremeneck-
gasse hinauf, dann die Neue Schloßstraße in mehreren Kehren – und steht
nach 4 Kilometern und 30 Minuten seit
der Abfahrt am Heidelberger Schloß.
Heidelberg ist ein altes Siedlungsgebiet,
seit 40 n. Chr. waren die Römer hier,
und aus der Umgebung stammt der Kie-
ferknochen des ältesten Europäers, von
dem wir Kenntnis haben: »Homo heidelbergensis«, über 500 000 Jahre alt. Die
Stadt Heidelberg wurde erstmals 1196

urkundlich erwähnt, eine Burg über der Stadt 1225, im Jahr 1303 ist von zwei Burgen die Rede. Die höher gelegene Burg wurde bei einer Explosion von Schießpulver 1537 zerstört, die untere Burg wurde zum Schloß ausgebaut. Bis zum Jahr 1720 war Heidelberg Residenz der Pfalzgrafen und Kurfürsten von der Pfalz. Kurfürst Ruprecht III. wurde deutscher König (1398 – 1410), als schlichtes Wohngebäude entstand der *Ruprechtsbau*. Im 16. Jahrhundert wurden die Wehranlagen und die Wirtschaftsgebäude erneuert und erweitert. Kurfürst Friedrich II. (1544 – 1556) ließ den *Gläsernen Saalbau* errichten, ein Gebäude im Übergang von der Gotik zur Renaissance. Kurfürst Otto Heinrich (1556 – 1559) ließ den *Ottheinrichsbau* erstellen, den schönsten Renaissance-Palast nördlich der Alpen. Friedrich IV. (1592 – 1610) ist der *Friedrichsbau* zu verdanken, dessen Fassade mit Fürstenstandbildern geschmückt wurde. Unter Friedrich V. (1610 – 1632) entstanden der berühmte *Schloßgarten »Hortus Palatinus«*, der *Englische Bau* und das *Elisabethentor* zu Ehren seiner Frau, der Stuart-Tochter Elisabeth.

Im Pfälzischen Erbfolgekrieg besetzten die Truppen des französischen Sonnenkönigs Ludwig XIV. im Jahr 1689 Stadt und Schloß und richteten große Verwüstungen an. 1693 schließlich eroberten sie wieder die Stadt und ruinierten das Schloß völlig. Unter dem Kurfürsten Karl Theodor (1742 – 1799) begannen die Renovierungsarbeiten; das Karlstor wurde errichtet. Aber bereits 1764 zerstörte ein Blitzschlag einen Teil des Wiederaufbaus. Erst 1810 begann der französische Emigrant Charles Graf von Graimberg wieder mit der Erhaltung der Schloßgebäude, und seit der letzten Jahrhundertwende wurden um-

fangreiche Restaurierungen und Wiederaufbauarbeiten vorgenommen.

Nach der Besichtigung des Schlosses, des **Apotheken-Museums** im Ottheinrichsbau und des Schloßgartens empfiehlt sich eine Fahrt mit der Bergbahn zum **Königstuhl** hinauf. Auf dem Berg, 568 Meter hoch, haben wir eine schöne Rundumsicht über Odenwald, Neckar und Rhein. Hier oben ist auch das **Heidelberger Kinderparadies** mit Märchengruppen, elektronischer Pferdereitbahn, Kindereisenbahn, Minigolf sowie Scooter und einer Gaststätte. Nicht weit entfernt befindet sich die **Landessternwarte**, und zum Neckar hin in nördlicher Richtung erhebt sich der **Fernseh- und Aussichtsturm**, den wir schon vom Tal aus gesehen haben.

Mit der Bergbahn geht es wieder bergab. Am Schloß besteigen wir unsere Räder, fahren oder schieben sie den schmalen Weg rechts neben dem Eingang zum Schloßhof hinauf; es ist der Schloß-Wolfsbrunnenweg, der bald als bequeme Straße bergab führt. Nach gut 2,5 Kilometern radeln wir links über die Brücke, unter der die Eisenbahn fährt; nach der Brücke rechts Richtung »Stadt«, dann aber links auf die B 37, die Schlierbacher Landstraße, Richtung Eberbach, die einen Radweg bis **Schlierbach** hat, der zwar am Beginn dieses Heidelberger Ortsteils durch ein Schild für beendet erklärt wird; aber mit kleineren Kindern können wir auf diesem Weg weiterradeln. Am Bahnhof halten wir uns rechts, um auf die Brücke zu gelangen, die links nach Heidelberg **Ziegelhausen** führt. Eine halbe Stunde ist seit der Abfahrt vom Schloß vergangen. Wir überqueren den Neckar, biegen nach links in den Ort ein, folgen dem Hinweisschild zum **Textilmuseum Max Berk** nach links. In einer ehemali-

Vom Heidelberger Schloß blicken wir auf die Altstadt und sehen die Alte Brücke, die Karl-Theodor-Brücke, die über den Neckar führt.

gen evangelischen Barockkirche hat hier der Textilfabrikant Berk Stoffe, Maschinen, Gewänder und Kostüme zusammengetragen. Zwischen dem Museum und dem Gasthaus »Zum goldenen Ochsen« (zur Zeit geschlossen) stoßen wir auf die L 534, der wir rechts nach Heidelberg folgen. Auf der linken Seite ist ein bequemer Radweg, den wir manchmal mit den Fußgängern teilen. Am Ausgang von Ziegelhausen sehen wir rechts die **Abtei Neuburg** aus dem 12. Jahrhundert. Unser Weg führt uns am Neckar entlang, dann sehen wir bald auf der anderen Flußseite **Alt-Heidelberg**. Wir erreichen die **Karl-Theodor-Brücke** (Alte Brücke) und sehen am anderen Ende die Brückenwärter- und Kerkertürme. Wir fahren noch nicht nach Heidelberg hinein, sondern folgen dem Weg dicht neben dem Fluß unterhalb der Neuenheimer Landstraße. Auf der modernen *Ernst-Walz-Brücke* kehren wir nach 13 Kilometern wieder ans andere Neckarufer zurück. Nun radeln

wir entweder geradeaus zum Bahnhof oder nach der Brücke links zum Parkplatz.

Variante: Wir überqueren noch nicht die Brücke, fahren unter ihr am Neckar weiter entlang und kommen nach einem Kilometer zum **Heidelberger Zoo** und dem in der Nachbarschaft gelegenen **Botanischen Garten**. Ein kleines Stück weiter gibt es ein **Schwimmbad** mit großer Liegewiese.

Informationen zur Tour

Ⓐ Anfahrt

Mit dem Pkw: Von Norden und Süden auf der A 5, Abfahrt Heidelberg auf die A 656, die in der Verlängerung zum Hauptbahnhof führt. Entweder am Bahnhof parken oder nach links zum Neckar über die Mittermaierstraße

Mit der DB: Hauptbahnhof Heidelberg

Ausgangsort

Hauptbahnhof Heidelberg oder Schurmannstraße

Zielpunkt

Wie Ausgangsort

Fahrradverleih

Per Bike, Bergheimer Straße 125, 69115 Heidelberg, Tel. 06221/16 11 08

Übernachtung unterwegs

Camping Neckartal, 73278 Schlierbach, Tel. 06211/80 25 06

Kinderfreundliche Bewirtungen

• Bistro Zur Alten Brücke, Obere Neckarstraße 2, Tel. 06221/20 2 01, täglich 10 – 1 Uhr, im Winterhalbjahr nur am Wochenende geöffnet

• Starfish and Coffee, Steingasse 16 a, Tel. 06221/12 5 87, täglich 9 – 23 Uhr

Auf der Rückfahrt nach Heidelberg schauen wir vom rechten Ufer des Neckars zum Heidelberger Schloß hinüber, dessen frühere Pracht und Größe sich noch erahnen lassen, auch wenn Teile nur noch Ruinen sind.

• Café Villa, Hauptstraße 187, Tel. 06221/18 32 98, täglich 9 – 1 Uhr

🏛 Sehenswürdigkeiten
• Heidelberger Schloß, Schloßkasse
Tel. 06221/53 84 14, täglich 8 – 17 Uhr
• Deutsches Apotheken-Museum im Otthein-richsbau im Heidelberger Schloß,
Tel. 06221/16 57 80, täglich 10 – 17 Uhr
• Kurpfälzisches Museum, Hauptstraße 97,
Tel. 06221/58 34 02, Di – So 10 – 17 Uhr
• Botanischer Garten der Universität, Im Neu-enheimer Feld 340, Tel. 06221/56 57 83,
täglich 9 – 12 Uhr, 13 – 16 Uhr, Fr + Sa geschlossen
• Fernsehturm auf dem Königstuhl,
Tel. 06221/25 0 41, täglich März – Okt.
10 – 18 Uhr, Juni – Aug. 10 – 19 Uhr
• Märchenparadies Königstuhl,
Tel. 06221/25 4 16, täglich März – Okt.
10 – 18 Uhr, Juni – Aug. 10 – 19 Uhr
• Museum Haus Cajeth, Haspelgasse 12,
Tel. 06221/24 4 66, täglich 11 – 17 Uhr, So geschlossen (telefonische Anmeldung erwünscht)
• Reichspräsident-Friedrich-Ebert-Gedenkstät-te, Pfaffengasse, Tel. 06221/91 9 70,
Di – So 10 – 18 Uhr, Do bis 21 Uhr

• Textilmuseum Max Berk, Brahmsstraße 8, Tel. 06221/80 03 17, Mi, Sa + So 13 – 18 Uhr
• Völkerkundemuseum, Hauptstraße 235,
Tel. 06221/22 0 67, Di – Fr 15 – 17 Uhr,
So 13 – 17
• Zoo, Tiergartenstraße 3,
Tel. 06221/48 00 41, täglich April bis September 9 – 19 Uhr, Okt. – März
9 – 17 Uhr

ℹ️ Auskunft
• Verkehrsverein, Postfach 10 58 60, 69048 Heidelberg, Tel. 06221/14 22 11
• Tourist-Information, Am Hauptbahnhof,
69115 Heidelberg, Tel. 06221/19 4 33
• Tourist-Information, Neckarmünzplatz,
69117 Heidelberg, Tel. 06221/25 8 34
• Heidelberger Straßen- und Bergbahn AG (HSB), Tel. 06221/51 320 20
• Schiffsausflüge: Rhein-Neckar-Fahrgastschif-fahrt, Untere Neckarstraße 17, 69117 Heidel-berg, Tel. 06221/20 1 81

📖 Geeignetes Kartenmaterial
• Odenwald Südwest (1:50 000), Landesver-messungsamt Baden-Württemberg
• Heidelberg-Stadtplan, Verkehrsverein

7 Von Neckargemünd nach Hirschhorn und Neckarsteinach

Tourenlänge
30 Kilometer

Durchschnittlicher Zeitbedarf
2 Stunden Fahrtzeit

Steigung
Fast keine

Beschaffenheit des Geländes
Wald- und Flußlandschaft

Beschaffenheit der Wege
Radwege neben Straßen, Wald- und befestigte Rad- und Wanderwege

Verkehrssicherheit
Hoch

Altersgruppe
Für Kinder ab 7 Jahren geeignet

Günstigste Jahreszeit
Mai bis Oktober

Besondere Ausrüstung
Badesachen

Interessantes am Weg
Viel Natur und Kultur

Wegmarkierung
Keine

Heute fahren wir eine malerische Strecke auf der »Burgenstraße«. In **Neckargemünd** starten wir am Bahnhof oder auf dem Parkplatz neben der Einmündung der Elsenz in den Neckar. Der Weg vom Bahnhof führt über die Bahnhofstraße über die Elsenz nach links an den Neckar. Die Stadt mit ihren schönen Fachwerkhäusern, von Goethe als die »artige, reinliche Stadt« beschrieben, wird auch »die schöne Nachbarin Heidelbergs« genannt. Wir fahren neben dem Neckarfluß stromaufwärts, kommen nach der Unterquerung der Eisenbahnbrücke auf die Dilsberger Straße, die auf der linken Seite einen Radweg hat. Vor uns in weiter Höhe erhebt sich, von einer Stadtmauer umschlossen, **Dilsberg**. Wir kommen nach **Rainbach**, folgen nicht weiter der Straße, die nach rechts führt, sondern bleiben am Fluß, fahren am alten Gasthaus »Die Rainbach« vorbei – oder kehren ein. Es ist ein ausgezeichnetes Restaurant mit großem Biergarten und einer Kinderschaukel. Mark Twain war hier schon zu Gast, und der Automobilkönig Henry Ford rühmte die »wonderful Gemütlichkeit«.

Auf einem festen Feldweg bleiben wir am Neckar, rechts erhebt sich der Dilsberg mit seinen 288,6 Metern, links sehen wir über dem Fluß das »**Schwalbennest**«, die Ruine der **Burg Schadeck**, dann erblicken wir die **Hinterburg**, über der Stadt schließlich die **Mittelburg** und die **Vorderburg**. Diese vier Burgen aus der Zeit des 12. und 13. Jahrhunderts gaben der Stadt **Neckarsteinach** den Namen »Vierburgenstadt«.

Wir fahren auf dem Fußpfad vorbei am Campingplatz »Unterm Dilsberg«, dem alten Leinpfad am Fluß, der als befestigter Radweg ausgewiesen ist. Rechts steigt der Wald an, links fahren die Schiffe vorbei. In **Neckarhäuserhof**, einer kleinen Ansiedlung, die zu Neckargemünd gehört, nach dem Gasthaus »Grüner Baum« bleiben wir auf dem Weg links, fahren durch den Wald, den Fluß entlang. Dann sehen wir vor uns **Hirschhorn**, »die Perle des Neckartals«. Auf dem Fuß- und Radweg, der in die kleine Wohnstraße Krautlachenweg

übergeht, fahren wir weiter, die Brenta-
nostraße entlang bis zur Schleuse und
zum Kraftwerk, kombiniert mit einer
Brücke, auf der wir den Neckar überqueren. Seit Abfahrt haben wir nun
13,8 Kilometer zurückgelegt. Wir parken die Räder und betreten durch ein
kleines Tor in der Stadtmauer die Stadt,
die Theodor Heuss »das Glück im Nek-
karwinkel« genannt hat.
Hoch über den Gassen mit ihren alten
Fachwerkhäusern erhebt sich das
Schloß Hirschhorn mit der Burganlage
aus dem 12. Jahrhundert, wo heute ein
Schloßhotel mit großer Caféterrasse uns
zum Verweilen einlädt. Von hier haben
wir einen schönen Blick hinunter ins
Neckartal und auf den Stadtteil Ersheim

mit der **Ersheimer Kapelle**, die als älteste Kirche des Neckartales schon im
Jahr 773 urkundlich erwähnt wird.
Nach unserem Abstieg nehmen wir
die Räder und fahren an der alten
Stadtmauer entlang flußabwärts. Auf
der B 37/45 ist ein Fahrradweg durch
einen breiten weißen Streifen vom Autoverkehr getrennt.
Wir kommen durch *Neckarhausen*,
nach dem Ort *Lanzenbach* überqueren
wir vorsichtig die Straße und biegen in
den gut befahrbaren Feldweg ein, der
zwischen Fluß und Straße hindurchgeht.
Der Weg wird zu einer schmalen Asphaltstraße, die an kleinen Industriebe-
trieben vorbeiführt. Wir folgen dieser
Straße nur bis zur Abzweigung rechts,

37

Der Weg scheint direkt zur Vierburgenstadt Neckarsteinach zu führen, aber die Mittelburg und die anderen Burgen liegen jenseits des Flusses.

die links auf die Bundestraße führt, die jetzt Hirschhorner Straße heißt. Vor der Bahnhofstraße in **Neckarsteinach** biegen wir nach links zur Schleuse ein, tragen die Fahrräder einige Stufen rechts abwärts und fahren wieder am Neckar entlang. Wir radeln an der **Vorderburg** und an der **Mittelburg** vorbei, die noch von den Nachfahren der alten Rittersleut bewohnt werden. Wenn wir auf die Burgruinen **Hinterburg** und **Schadeck (Schwalbennest)** kraxeln wollen, die frei zugänglich sind, parken wir die Räder in der Nähe der Ruheanlage Schiffermast neben dem Kinderspielplatz. Im Zickzack geht es auf die Hinterburg, von dort zum Schwalbennest.
Wir fahren weiter, und bevor wir nach *Kleingemünd* kommen, liegt rechts neben dem Weg ein schönes *Schwimmbad*. Wer nicht die Badesachen vergessen hat, erlebt nun den großen und erfrischenden Badespaß. Auf dem Radweg geht's dann weiter, unter der Eisenbahnbrücke hindurch, und schon sehen wir die Häuser von **Neckargemünd**. Auf der Friedensbrücke fahren wir in die Stadt und kehren nach 30 Kilometern an unseren Ausgangspunkt zurück.

Informationen zur Tour

 **Anfahrt**
Mit dem Pkw: A 5 von Norden oder Süden kommend, Abfahrt Heidelberg, B 37/45 Richtung Eberbach bis Neckargemünd
Mit der DB: Bahnhof Neckargemünd

 Ausgangsort
Bahnhof Neckargemünd oder Parkplatz an der Friedensbrücke

 Zielpunkt
Wie Ausgangsort

 Fahrradverleih
• Rudi's Radladen, Mühlgasse, 69151 Neckargemünd, Tel. 06223/71 2 95
• Josef Riedel, Hainbrunner Straße 6, 69434 Hirschhorn, Tel. 06272/20 17

 Übernachtung unterwegs
• Campingplatz »Unterm Dilsberg«, 69151 Neckargemünd, Tel. 06223/72 5 85
• Hotel-Terrassencafé »Vierburgeneck«, unterhalb der Ruine »Schwalbennest« (Schadeck), 69239 Neckarsteinach, Tel. 06229/542
• Schloßhotel »Hirschhorn« mit Caféterrasse, Auf der Burg, 69434 Hirschhorn, Tel. 06272/13 73

 Kinderfreundliche Bewirtungen
• »Die Rainbach«, Ortsstraße 9, 69151 Neckargemünd-Rainbach, Tel. 06223/24 55, täglich 11 – 24 Uhr, Mo Ruhetag; Feinschmecker-Restaurant, Caféterasse, Biergarten
• Restaurant »Zum Schiff«, Neckargemünder Straße 2, 69239 Neckarsteinach, Tel. 06229/324, täglich 11 – 15 Uhr, 17.30 – 23 Uhr, Mi und Do Ruhetag
• Kühnes Jausestation und Brennerei, Ersheimer Straße 97, 69434 Hirschhorn, Tel. 06272/10 44, täglich 10 – 12 Uhr, 14 – 1 Uhr, im Winterhalbjahr Mi Ruhetag

8 Von Eberbach nach Dielbach und Zwingenberg

Schloß Hirschhorn erhebt sich stolz über die Altstadt mit ihren schönen Gassen und Häusern. Wer den Aufstieg nicht scheut, wird durch die Aussicht belohnt.

Sehenswürdigkeiten
• Museum im Alten Rathaus (Stadtgeschichte, Volkskunde, Neckarschiffahrt), Hauptstraße 25, 69151 Neckargemünd, Tel. 06223/804 – 186, So 11 – 17 Uhr
• Langbein Museum (Volkskunde, Mittelalterliches, Kunst), Alleeweg 2, 69434 Hirschhorn, Tel. 06272/17 42, Di, Do, Fr + Sa 14 – 16 Uhr, So 10 – 12 Uhr, 14 – 16 Uhr von Gründonnerstag bis 30. Okt.

Auskunft
• Fremdenverkehrsamt, Hauptstraße 25, 69151 Neckargemünd, Tel. 06232/35 53
• Verkehrsamt, Hauptstraße 7, 69239 Neckarsteinach, Tel. 06229/92 0 00
• Verkehrsamt, Alleeweg 2, 69434 Hirschhorn, Tel. 06272/17 42

Geeignetes Kartenmaterial
Radwanderkarte M 82 (1:50 000), K & S Verlag

Tourenlänge	23 Kilometer
Durchschnittlicher Zeitbedarf	2 bis 3 Stunden Fahrtzeit
Etappen	Holdergrund, Wolfsschlucht
Steigung	Nach Dielbach zum Teil stark
Beschaffenheit des Geländes	Wald- und Flußlandschaft
Beschaffenheit der Wege	Rad- und Wanderwege, Asphalt- und Waldwege
Verkehrssicherheit	Hoch
Altersgruppe	Für Kinder ab 7 bis 10 Jahren geeignet (nach Kondition)
Günstigste Jahreszeit	März bis Oktober
Interessantes am Weg	Wildschwein- und Rotwildgehege im Holdergrund, Schloß Zwingenberg
Wegmarkierung	Verschiedene (siehe Text)

Schon die Anfahrt nach Eberbach – ob flußaufwärts oder flußabwärts – ist ein Fest für die Augen. Der Neckar windet sich durch die Berge des Odenwaldes, an dessen Hängen sich Städte und Burgen schmiegen. Wer mit dem Auto kommt, parkt direkt am Fluß auf

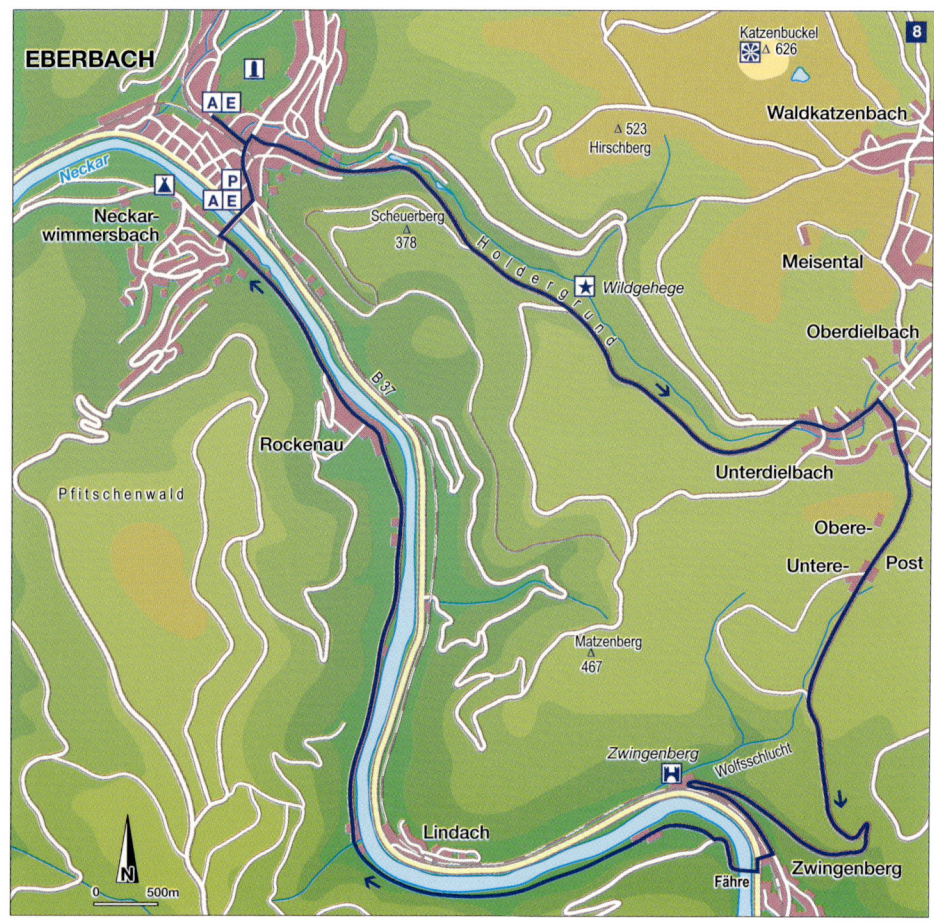

einem der großen Parkplätze; direkt in der Stadt ist das Parken nur für Kurzparker möglich. Vom Parkplatz kommend, radeln wir die Neckar- und Odenwaldstraße hoch, bis wir rechts an die Alte Dielbacher Straße kommen. Wenn wir vom Bahnhof kommen, fahren wir die Güterbahnhofstraße nach rechts zur Odenwaldstraße durch die schöne Kurstadt, die wir später noch erkunden wollen – am besten zu Fuß. Stetig steigend geht es die ruhige kleine Straße aufwärts – wohl dem, der eine

gute Gangschaltung besitzt! Nach 1,5 Kilometern haben wir die Stadt hinter uns gelassen; nach einem weiteren Kilometer versperrt jedem Automobil eine Schranke die Weiterfahrt; Fahrräder dürfen passieren. Zwischen dem Hirschberg links, der 523 Meter aufragt, und dem Scheuerberg rechts, 378 Meter hoch, führt uns der Weg den **Holdergrund** entlang, an dessen Grund der Holderbach plätschert. Hinter uns entschwindet der Ohrsberg, 236 Meter hoch, mit seinem Aussichtsturm dem

Blick. 600 Meter hinter der Schranke führt der »Totenweg« links in den Holdergrund hinab. Hier sind 1,2 Hektar für das Schwarz- und 2,5 Hektar für das Rotwild als Wildgehege reserviert. Für die Freunde der Natur gibt es einen *Vogellehrpfad* und einen Lehrpfad *Waldsterben* im Gelände. Wer jetzt schon eine Erfrischung braucht, für den ist die *Kneipp-Anlage* eingerichtet worden.

Nun geht es wieder bergauf, und nach insgesamt 5 Kilometern verlassen wir den Wald, kommen durch Wiesen und Weiden, auf denen sich Schafe tummeln, in Unterdielbach auf der Alten Eberbacher Straße, wie sie hier heißt, zur neuen Autostraße von Eberbach her. Auf ihr fahren wir durch den kleinen Ort, kommen in Oberdielbach an die Kreuzung und folgen dem Wegweiser nach Schollbrunn und Neckargerach. Links haben wir den Katzenbuckel gesehen, den höchsten Berg des Odenwaldes, der heute noch 626 Meter aufragt; vor Jahrmillionen war dieser einstige Vulkan doppelt so hoch, Wind und Wasser haben ihn im Lauf der Zeit verkleinert.

Am Ortsende von Oberdielbach folgen wir dem Wegweiser nach Dielbach-Post. Ein alter Wegweiser aus Buntsandstein weist uns noch zusätzlich darauf hin, daß hier der Weg nach Zwingenberg führt. Auf dieser kleinen Straße erreichen wir nach 1 Kilometer die wenigen Häuser von Obere und Untere Post, danach wird die schmale Straße zu einem Asphaltweg, abwärts bremsen wir in vielen Kurven durch den schönen Wald des Odenwaldes. Jetzt weist uns eine rote Raute als Wegmarkierung den Waldweg hinab nach *Zwingenberg*. Nachdem wir nun 12 Kilometer zurückgelegt haben, stößt unser Weg auf den Platz vor Schloß Zwingenberg. Die Herren von Twingenberg errichteten im 13. Jahrhundert diese Burg, um von den Händlern auf der Straße und auf dem Fluß Zoll zu erzwingen. Kaiser Karl IV. ließ 1364 die Burg der räuberischen Ritter schleifen. Der trutzige Bergfried und die mächtigen Mauern hielten der Zerstörung stand. Nach manchem Streit um den Besitz, der in den Jahrhunderten wieder aufgebaut und zum Schloß erweitert wurde, gerieten Festung und Wald in das Eigentum der Großherzöge von Baden. Dieser Familie gehört noch heute das Schloß, das nur nach vorheriger Anmeldung zu besichtigen ist. Für die Besucher der »Zwingenberger Schloßfestspiele«, die im August veranstaltet werden, öffnen sich die Tore zum Burghof.

Bei diesen Festspielen darf die Aufführung des Freischütz von Carl Maria von Weber nicht fehlen. Der Komponist dieser romantischen Oper weilte 1810 auf Schloß Zwingenberg. Die Wolfsschlucht hinter dem Schloß regte ihn zu der Wolfsschluchtszene an, dem dramatischen Mittelpunkt dieser Oper, die 1821 zum ersten Mal aufgeführt wurde. An der Waldseite gehen wir hinter das Schloß und stehen an der wilden Schlucht, in der tief unten das Wasser eines Wildbaches zum Neckar stürzt und sprudelt. Auf dem schmalen Weg neben der Schlucht steigen wir bergan und blicken tief hinab in die Schlucht, an der 1866 der letzte Wolf des Odenwaldes erschossen wurde.

Wir machen Rast an der Burg, setzen uns auf die alten Steinbänke, packen unseren Proviant aus und blicken hinab auf die Stadt Zwingenberg, den Neckar und die Höhen auf der anderen Seite, wo sich der Kleine Odenwald erhebt. Jetzt fahren wir die Schloßstraße hinab

Der trutzige Bergfried von Schloß Zwingenberg ragt über die wildromantische Wolfsschlucht, an der vor langer Zeit der letzte Wolf des Odenwaldes erlegt wurde.

nach Zwingenberg, kommen zur Bahnhofstraße, der wir rechts in die Unterführung folgen, bis wir auf die B 37, die neben dem Neckar verläuft, stoßen. Wir fahren nach links und nach 200 Metern erreichen wir die Anlegestelle der Fähre, mit der wir den Fluß überqueren. Nur von 12 bis 13 Uhr hat der Fährmann Mittagspause.

Auf dem Neckaruferweg auf der Seite des Kleinen Odenwaldes fahren wir nach rechts. Bisher haben wir 14 Kilometer zurückgelegt, nach weiteren 9 Kilometern werden wir Eberbach wieder erreicht haben; Wegweiser zeigen uns den Weg dorthin. Zwischen Boots- und Campingplatz fahren wir nach links, dann wieder nach rechts, hinter dem Zwingenberger Hof und dem Naturfreundehaus wählen wir den rechten Weg. Rechts fließt der Strom, links ragen die Steilhänge des Odenwaldes auf. Meist geht es leicht bergab, wir radeln durch Rockenau und Neckarwimmersbach, überqueren die Neckarbrücke und sind nach 23 Kilometern wieder in Eberbach

Einen kleinen Stadtbummel sollten wir nach kurzer Rast nicht versäumen. König Heinrich VII. von Hohenstaufen wird die Stadtgründung im Jahr 1227 zugeschrieben. Über der Stadt steht die Ruine der alten Burg aus damaliger Zeit. Die Altstadt ist von vier Türmen umgeben: Blauer Hut in der Nähe der Brücke/Ecke Wiedengasse, Pulverturm am Neckar/ Ecke Friedrichstraße, Haspelturm am Lindenplatz und Rosenturm an der Brückenstraße. Das Geviert dieser Türme umfaßt die Altstadt, zwei der Türme sind zu besteigen; der Haspelturm beherbergt das Zinnfiguren-Kabinett mit vielen Szenen aus Geschichte und Phantasie, der Pulverturm hat eine schöne alte Turmuhr. Am Alten Markt mit seinen schönen Fachwerkhäusern befindet sich auch das Museum. Hier sehen wir nicht nur viele Schiffsmodelle, hier steht auch der letzte Wolf des Odenwaldes, der an der Wolfsschlucht 1866 erschossen wurde – ausgestopft.

Informationen zur Tour

A Anfahrt
Mit dem Pkw: Auf der B 37 bis Eberbach, Parkplatz am Neckarufer
Mit der DB: Bahnhof Eberbach

 Ausgangsort
Neckarufer oder Bahnhof Eberbach

Zielpunkt
Wie Ausgangsort

Fahrradverleih
Peter Treiber, Friedrich-Ebert-Straße 4, 69412 Eberbach, Tel. 06271/41 50

Übernachtung unterwegs
• Hotel-Restaurant »Altes Backhaus«, Lindenpl. 1,

69412 Eberbach, Tel. 06271/71 057
• Hotel-Restaurant »Karpfen«, Alter Markt 1, 69412 Eberbach, Tel. 06271/71 0 15
• Hotel-Restaurant »Kettenboot«, Friedrichstraße 1, 69412 Eberbach, Tel. 06271/24 70

Kinderfreundliche Bewirtungen
• Gasthaus Schiff-Post, Alte Dorfstraße (an der B 37), 69439 Zwingenberg, Tel. 06263/271, täglich 11 – 21 Uhr, Mo Ruhetag
• Krabbenstein, Obere Badstraße 13, 69412 Eberbach, Tel. 06271/71 6 33, täglich 9.30 – 21 Uhr, Mo Ruhetag (ältestes Gasthaus)
• Viktoria-Café, Friedrichstraße 7, 69412, Eberbach, Tel. 06271/20 18, täglich 8 – 18.30 Uhr (weltberühmtes Café mit schönem Garten)

Öffnungszeiten
• Museum der Stadt Eberbach, Alter Markt, 69412 Eberbach, Tel. 06271/28 40, 71 7 21, Di + Fr 15 – 17 Uhr, So 14 – 17 Uhr, Mai – Okt. zusätzlich Do 15 – 17 Uhr
• Eberbacher Zinnfiguren-Kabinett im Haspelturm, Lindenplatz, 69412 Eberbach, Tel. 06271/48 99, 1. Mai – 31. Okt. Mi + Fr 15 – 17 Uhr, Sa 14 – 17 Uhr
• Freibad mit Liegewiese auf der linken Neckarseite in Eberbach, Mitte Mai – Sept. täglich 9 – 20 Uhr

Auskunft
• Kurverwaltung Eberbach, Touristinformation, Kellereistraße 32 – 34, 69412 Eberbach, Tel. 06271/48 99
• Eberbacher Personenschiffahrt, Binetzgasse 1, 69412 Eberbach, Tel. 06271/37 68
• Schloßfestspiele Zwingenberg, Tel. 06263/95 65

Geeignetes Kartenmaterial
• Eberbach Radwanderkarte (1:50 000), K & S Verlag
• Ortsplan mit Wanderwegen Zwingenberg (1:50 000), Bürgermeisteramt

9 Von Neckargerach über Schwarzach durch den Kleinen Odenwald

 Tourenlänge
26 Kilometer ab Neckarbrücke, 30 Kilometer ab Bahnhof Neckargerach, 6 Kilometer zusätzlich für den Abstecher auf die Minneburg

Durchschnittlicher Zeitbedarf
2 bis 3 Stunden Fahrtzeit

 Etappen
Minneburg, Wildpark

 Steigung
Zum Teil starke Steigung

 Beschaffenheit des Geländes
Flußtal und Berge in Wald und Feld

 Beschaffenheit der Wege
Waldwege, Feldwege, Radwege, selten Autostraßen

 Verkehrssicherheit
Hoch

 Altersgruppe
Für Kinder ab 10 bis 12 Jahren geeignet

 Günstigste Jahreszeit
April bis Oktober

 Besondere Ausrüstung
Badesachen

Interessantes am Weg
Wald, Felsabhänge, Fachwerkhäuser

Wegmarkierung
Wegweiser, Straßenschilder (siehe Text)

Heute wollen wir einen Teil des Gebirges südlich des Neckarflusses erkunden. Wenn wir mit der Bahn anreisen, fahren wir die Bahnhofstraße in Neckargerach rechts hinunter, biegen links

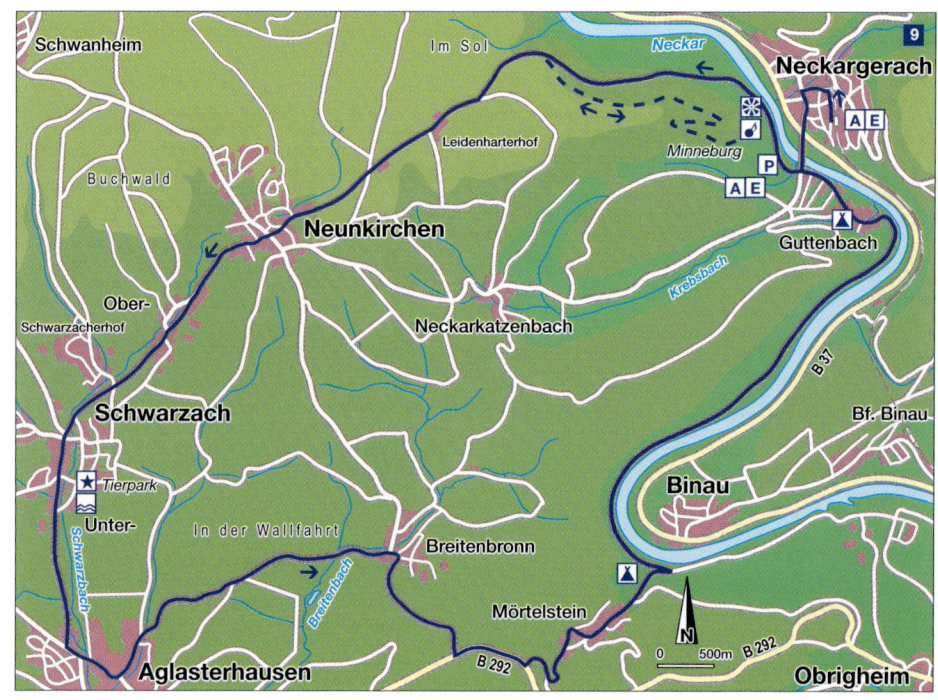

in die Hauptstraße ein, kommen zur
B 37 und halten uns links, um die Brücke
über den Neckar zu überqueren. Von
der Brücke auf der anderen Seite fahren
wir hinunter nach *Guttenbach* und kommen unter der Brücke an. Wenn wir mit
dem Auto anreisen, beginnen wir hier
unsere Fahrt; Parkmöglichkeiten gibt es
unter der Brücke oder auf dem Wald-
parkplatz einige 100 Meter weiter Richtung Minneburg/Ziegelhütte flußabwärts
direkt neben dem Fluß.

Nun radeln wir also am Rand des Gebirges entlang, das der Neckar vom
übrigen abgetrennt hat und **Kleiner
Odenwald** heißt. Rechts fließt der
Strom, links überragen uns hohe Ab-
brüche des Buntsandsteins. Der Weg
gabelt sich, rechts führt er zum Fluß und

endet dort; unser Weg steigt an. Wenn
unsere Kraft oder unsere Gangschaltung
uns im Stich lassen sollte, steigen wir ab
und schieben. Diese Anstrengung wird
belohnt durch den Anblick des Waldes,
der auf der linken Seite im Licht leuchtet,
und durch die phantastische Aussicht
auf die Höhen auf der anderen Neckarseite und ins liebliche Flußtal hinunter.
Hinter uns ist Neckargerach verschwun-
den, vor uns liegt *Zwingenberg* mit seinem Schloß.

Wir bleiben auf dem Weg, wenn nach
etwa 1 Kilometer ein anderer hinunter
zum Fluß, ein dritter hoch in den Wald
führt. Bei der nächsten Wegkreuzung
geht es rechts nach Zwingenberg, wohin
wir heute aber nicht wollen; links hinten
führt uns der Weg auf die **Minneburg**

44

Die Mühen des angestrengten Fahrens – vielleicht auch des Schiebens – lohnen sich. Weit blicken wir von den Höhen des Kleinen Odenwaldes ins Neckartal hinein und zu den Höhen des Odenwaldes hinüber.

aus dem 12. Jahrhundert. Die Sage erzählt von dem Burgfräulein Minna von Horneck, die den Grafen von Schwarzenberg vom Dilsberg heiraten sollte. Aber sie liebte den armen Ritter Edelmut von der Burg Ehrenberg, der sie nicht vor den Nachstellungen des Grafen schützen konnte, war er doch auf einem Kreuzzug. So flüchtete Minna und versteckte sich in einer Höhle hier am Berg. Todkrank kehrte Edelmut endlich aus dem Heiligen Land zurück. Seiner Minna war er in seiner Minne, wie das mittelhochdeutsche Wort für Liebe lautet, treu geblieben. Auf dem Sterbelager gelobte er die Gründung der Minneburg im Gedenken an die große Liebe zwischen Minna und Edelmut. Heute können wir nur noch die renovierte Ruine besichtigen, die Aussicht von hier bewundern und Rast an der Grillstelle machen.

Zurück in den Wald, der lohnende Abstecher hat uns insgesamt 6 Kilometer gekostet, geht es noch etwa 600 Meter steil bergauf, am Waldrand aber nun endlich bergab. Wir kommen durch **Leidenharterhof**, eine kleine Ansiedlung, fahren auf der Hauptstraße durch das mit schönen Fachwerkhäusern geschmückte **Neunkirchen**, Wegweiser zeigen uns den Weg nach *Schwarzach*. Wir passieren Oberschwarzach, lassen Schwarzacherhof rechts liegen, wenn wir nicht einen Blick auf die schöne alte Wasserburg, das heutige Forstamt, werfen wollen; wir fahren in **Unterschwarzach** ein, folgen dem Wegweiser »Wildpark« links in die Tonwerkstraße hinein. Nach dem *Schwimmbad*, das einlädt, uns im Wasser zu tummeln und zu erfrischen, führt die Straße rechts um die Ecke zum **Wildpark**. Hier erwarten uns 300 große und kleine Wildtiere in weiten Gehegen: Damwild, Mufflons, Berg-

ziegen, Hängebauchschweine, Heidschnucken, Känguruhs, Wildschweine, Zebras, Guanakos, Yaks, Zwergrinder, Zackelschafe, Esel, Ponys, Nandas, Rothirsche und vielerlei Vögel – Sittiche, Kraniche, Pfauen, Enten, Schwäne und Störche. Auf den 40 000 Quadratmetern des Parks gibt es auch einen Natur-Erlebnisgarten, einen Märchengarten und eine Kindereisenbahn. Auf dem Rückweg von Schwimmbad und Wildpark kommen wir wieder auf die Hauptstraße. Wir fahren nach links, benutzen den breiten Weg, der von der Straße durch einen Graben, Gras und Gebüsch getrennt ist, bis wir nach **Aglasterhausen** kommen. Im Ort folgen wir dem Wegweiser nach **Breitenbronn**, von hier folgen wir der angegebenen Richtung nach Obrigheim; wir stoßen auf die B 292, benutzen den Asphaltweg, der neben der Autostraße verläuft, und biegen bald links nach **Mörtelstein** ein. Stark abwärts fahren wir durch den Ort, am Ende geht es auf einem Rad- und Fußweg geradeaus zum Neckar. Wir nehmen links die Abzweigung, die zum Campingplatz Germania führt. Daran vorbei, oder hier Rast machend, fahren wir dann auf einer kleinen Asphaltstraße flußabwärts. Auf der anderen Neckarseite grüßt uns *Binau*, das in einer Flußschleife liegt. Nach 6 Kilometern zwischen Bergabhang und Fluß kommen wir wieder in *Guttenbach* an.

Informationen zur Tour

🄰 Anfahrt

Mit dem Pkw: Auf der B 37 von Norden oder Süden bis Neckargerach, auf der Brücke nach Guttenbach auf der linken Flußseite
Mit der DB: Bahnhof Neckargerach

Im Odenwald gibt es viele Wildparks und Tiergehege. Und immer zählen die lustigen Schwarzkittel, die grunzend und quiekend ihre Leckerbissen verlangen, zu den Lieblingen der kleinen und großen Besucher.

Ausgangsort
Parkplatz unter der Brücke oder Waldpark-platz Guttenbach oder Bahnhof Neckargerach

Zielpunkt
Wie Ausgangsort

Fahrradverleih
BP-Tankstelle, Bruno Bödigheimer, Haupt-straße 14, 69437 Neckargerach, Tel. 06263/262

Übernachtung unterwegs
• Landgasthof Kranz, Wildparkstraße 8, 74869 Unterschwarzach, Tel. 06262/92 2 00
• Camping Germania, 74847 Mörstelstein am Neckar, Tel. 06262/17 95 oder 06261/25 07

Kinderfreundliche Bewirtung
Landgasthof Kranz neben dem Wildpark, Wildparkstraße 8, 74869 Unterschwarzach,

Tel. 06262/92 2 00, täglich 11.30 – 14 Uhr, 17.30 – 22 Uhr, Mo Ruhetag

Sehenswürdigkeiten
• Wildpark Schwarzach, Wildparkstraße, 74869 Unterschwarzach, bei guter Witterung Apr. – Okt. täglich 10 – 18 Uhr
• Beheiztes Freischwimmbad, 74869 Unter-schwarzach, Mitte Mai – Sept., täglich 9 – 20 Uhr
• Heimatmuseum Neckargerach, Bahnhof-straße, 69437 Neckargerach, Öffnungszeiten sind zu erfragen unter Tel. 06263/10 24

Auskunft
• Bürgermeisteramt, 69437 Neckargerach, Tel. 06263/42 0 10
• Fremdenverkehrsbüro, Hauptstraße 14, 74869 Schwarzach, Tel. 06262/29 09 22

Geeignetes Kartenmaterial
• Radwanderkarte Eberbach (1:50 000), K & S Verlag
• Odenwald Südwest (1:50 000), Landesver-messungsamt Baden-Württemberg

10 Auf der Wanderbahn von Mosbach nach Mudau

Tourenlänge
28 Kilometer

Durchschnittlicher Zeitbedarf
2,5 Stunden Fahrtzeit

Steigung
Gering

Beschaffenheit des Geländes
Wald-, Wiesen- und Hügellandschaft

Beschaffenheit der Wege
Asphalt- und befestige Wege

Verkehrssicherheit
Hoch

Altersgruppe
Für Kinder ab 7 Jahren geeignet

Günstigste Jahreszeit
März bis Oktober

Interessantes am Weg
Eisenbahngeschichte und Natur

Wegmarkierung
Wegweiser »Wanderbahn Neckar-Odenwald«

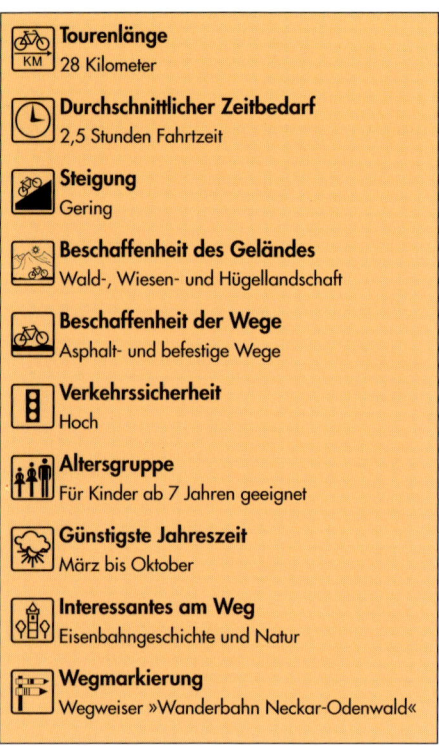

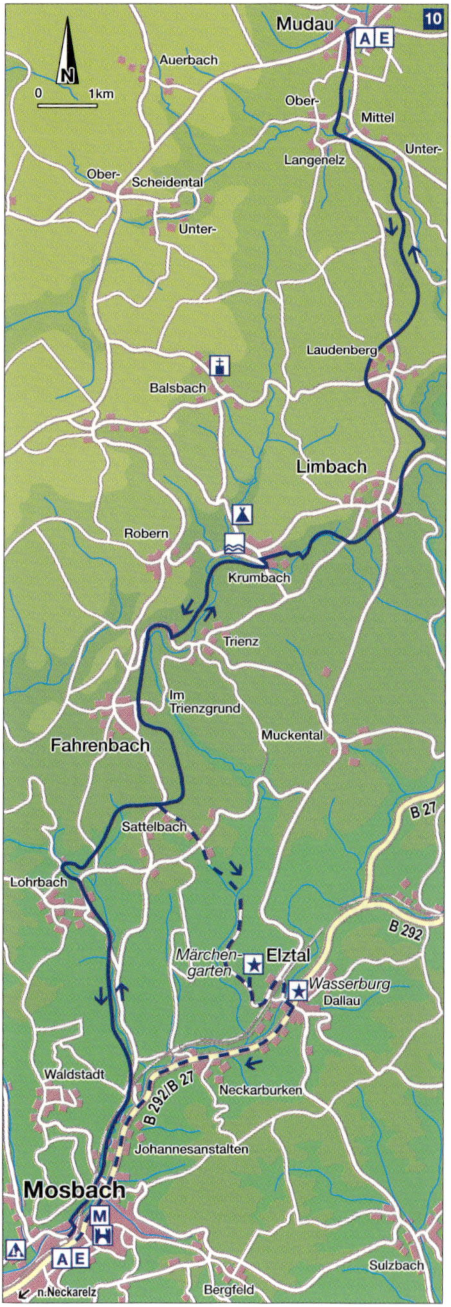

Die Großherzoglich Badischen Staatseisenbahnen errichteten im Odenwald von 1902 bis 1904 ihre einzige *Schmalspurbahn*. Die 28,1 Kilometer lange Strecke führte von Mosbach nach Mudau – und zurück. Für die Spurweite 1000 Millimeter wurden bei Borsig in Berlin vier Lokomotiven bestellt, die 1904 gebaut wurden und im selben Jahr dem fahrplanmäßigen Verkehr dienten. Später lag die Betriebsführung bei der Deutschen Eisenbahnbetriebsgesellschaft, seit 1931 bei der Deutschen Reichsbahn; die vier Lokomotiven erhielten die Betriebsnummern 99 7201 – 7204. Mit ihrer Höchstgeschwindigkeit von 30 Kilometern pro Stunde dienten die vier kleinen Lokomotiven (Länge über Puffer 7060 Millimeter) nach dem Zweiten Weltkrieg bei der Deutschen Bundesbahn. Im Sommer 1964 übernahmen zwei moderne Diesellokomotiven den Fahrbetrieb. Die erste Dampflokomotive wurde im selben Jahr ausgemustert, die anderen drei im Jahr darauf. In Mudau, geschützt durch ein Dach, ist die Lokomotive 99 7202 direkt neben dem alten Bahnhof als Denkmal aufgestellt. 1973 wurde die Kleinbahnstrecke Mosbach – Mudau stillgelegt, die Schienen wurden entfernt. Sieben Jahre später wurde auf dem ehemaligen Schienenweg der Bahn die Wanderbahn eröffnet, die fast immer der alten Streckenführung folgt.

Heute wollen wir nun auf der Wanderbahn radwandern. Wir starten in der schönen Stadt Mosbach, müssen also auf der Fahrt nach Mudau eine leichte Steigung nehmen. Dafür geht es auf dem Rückweg dann angenehm leicht bergab. Ob wir mit der Bahn oder dem Auto in Mosbach ankommen, am Bahnhof gibt es auf jeden Fall Parkplätze. Also besteigen wir hier unsere Räder, fahren auf der Odenwaldstraße weiter, nach einem guten Kilometer biegen wir nach links in den Wasemweg ein, überqueren die Schienen und an der nächsten Kurve rechts weist eine Tafel darauf hin, daß hier die Wanderbahn beginnt. Fast immer zeigen kleine hölzerne Wegweiser mit der lustigen Wanderstiefel-Lokomotive auf die »Wanderbahn Neckar-Odenwald« und den richtigen Weg hin. An manchen Stellen, an de-

nen die Bahn die Autostraße kreuzt, stehen noch die alten Tafeln mit den Buchstaben L und P. So wie früher der Lokführer die Vorschrift zum *Läuten* und *Pfeifen* befolgt hat, können wir an dieser Stelle klingeln und pfeifen; auf jeden Fall sollten wir halten und schauen, ob wir die Straße überqueren können. Barrieren verhindern, daß wir mit Volldampf über die Straßen brausen. Nach dem ehemaligen Haltepunkt Hasbachtal geht es weiter nach Lohrbach, kurz vor dem Ort, den wir am Rand durchfahren, kommen wir aus dem Wald. Jetzt haben wir schon mehr als 6 Kilometer zurückgelegt.

Nach einem Waldstück kommen wir an Sattelbach vorbei, von dort führt uns die Wanderbahn nach Fahrenbach, am alten Bahnhof vorbei fahren wir durch den Wald. Nach insgesamt 13 Kilometern überqueren wir bei Trienz die Autostraße, die früher eine »Römerstraße« war. Im Wald, bevor wir nach Krumbach kommen, überqueren wir im Mühlengrund den Trienzbach auf einer schmalen, alten Eisenbahnbrücke. Vorsicht bei Gegenverkehr! Und Vorsicht auch in Krumbach: Hier vermissen wir die Wegweiser der Wanderbahn. Haben wir den Minigolfplatz zur Linken passiert, biegen wir links auf die Hauptstraße ein, folgen ihr rechts, fahren die Kurve links hoch und biegen rechts in den Alten Kirchenweg ein; nach den letzten Häusern fahren wir rechts hinunter zum Wald und sind wieder auf der Wanderbahn.

Vor Limbach, das wir nach gut 18 Kilometern erreichen, liegt ein Feuchtbiotop am rechten Wegesrand, dann folgt das Biotop Hecke. In Limbach lassen wir uns nicht vom alten Bahnhof mit der Signalanlage, die allezeit freie Fahrt verspricht, irreführen. Wir biegen nach

Zebra im Wildpark Schwarzach (siehe Tour 9).

links in die Laudenberger Straße, und an der Tankstelle rechts stoßen wir wieder auf unsere Wanderbahn. Wir kommen nach Laudenberg und finden nach insgesamt 22 Kilometern rechts das »Café an der Wanderbahn«. Wir fahren wieder in den Wald hinein, können absteigen und einem Lehrpfad folgen, radeln weiter und sind nach 26 Kilometern in Langenelz. Jetzt sind es nur noch 2 Kilometer, und wir gelangen nach Mudau über die Bahnhofstraße vor der Kreuzung zum Bahnhof, wo die letzte der kleinen Dampflokomotiven auf unseren Besuch wartet.

2,5 Stunden sind wir von Mosbach nach Mudau gefahren. Fahren wir auf dem gleichen Weg zurück, brauchen wir etwa 20 Minuten weniger, um in Mosbach einzutreffen, wo wir einen kleinen Stadtbummel machen können. Mosbach war zur Römerzeit ein wichtiger Handelsort. Im 9. Jahrhundert entwickelte sich um das Benediktinerkloster die Stadt als Markt-, Münz- und Gerichtsstätte. Merian hielt 1645 das von einer festen Mauer umgebene Mosbach im Bild fest und beschrieb sie als »feine wohlgebaute Stadt«. Seit der Stauferzeit eine Pfalzgrafenresidenz, wurde die Burg zum Schloß ausgebaut; Teile davon sind erhalten geblieben. Die Fachwerkhäuser aus dem 15. und 16. Jahrhundert werden am Marktplatz von der Stiftskirche von 1390 und dem Rathaus aus dem 16. Jahrhundert überragt. Die Landesgartenschau 1997 wird in Mosbach veranstaltet. Das Gelände liegt neben der Altstadt und ist durch eine Fußgängerbrücke zu erreichen. 19,6 Hektar groß ist das Gelände der badenwürttembergischen Landesgartenschau, das auch nach der Zeit vom 25. April bis zum 12. Oktober 1997 eine Natur- und Erlebnislandschaft bleiben wird –

An den früheren Bahnhöfen und Haltestellen der Eisenbahn weisen den Wanderern und Radfahrern auf der Wanderbahn bunte Übersichtstafeln den richtigen Weg.

mit Gärten und Parks, Natur- und Wasserspielplätzen, Kneipp-Anlage und Solebrunnen, Spiel- und Radwegen.
Variante: Auf der Rückfahrt von Mudau nach Mosbach verlassen wir mitten in Sattelbach die Wanderbahn und fahren links hinunter Richtung Dallau. Nach 4 Kilometern erreichen wir den Waldrand, biegen links ein und sind am Märchenwald. Hinter der Raststätte sind 20 bekannte Märchen mit beweglichen Figuren aufgebaut. Auf Knopfdruck werden uns die Märchen erzählt. Nach dem Besuch des Märchenwaldes fahren wir links nach Dallau hinunter, kommen am alten Wasserschloß vorbei, das im 12. Jahrhundert errichtet, im Bauernkrieg 1525 zerstört und danach wieder aufgebaut wurde. Der Radweg neben der B 27, dem wir nach rechts folgen, bringt uns nach Mosbach zurück.
Kleinkindfreundliche Variante: Mutter, Vater und Kind können an jedem beliebigen Punkt der Wanderbahn Richtung Mosbach oder Mudau radeln und an jedem beliebigen Punkt auch wieder zum Startort zurückkehren.

51

Informationen zur Tour

🅰 Anfahrt

Mit dem Pkw: Auf der B 37 bis Neckarelz, von dort auf die B 27 nach Mosbach
Mit der DB: Bahnhof Mosbach

🚲 Ausgangsort

Bahnhof Mosbach

🚲 Zielpunkt

Mudau

🆁 Rückfahrt

Von Mudau den gleichen Weg zurück nach Mosbach

🚲 Fahrradverleih

• W & P Fahrradverleih Mosbach, Alte Neckarelzer Straße 1, 74821 Mosbach, Tel. 06261/16 2 26
• Albert Breunig, Eisenbahnstraße 30, 74821 Mosbach, Tel. 06261/26 38

🛏 Übernachtung unterwegs

Gasthof »Goldener Hirsch«, Hauptstraße 13, 74821 Mosbach, Tel. 06261/17 0 37

🧸 Kinderfreundliche Bewirtungen

• Gasthaus mit Hotel »Zum Lamm«, Hauptstraße 59, 74821 Mosbach, Tel. 06261/89 0 20, täglich 11 – 22 Uhr
• Gasthof mit Restaurant »Zum Löwen«, Hauptstraße 25, 69427 Mudau, Tel. 06284/405, täglich 11 – 22 Uhr, Fr Ruhetag

🏛 Öffnungszeiten

• Märchenwald Dallau (mit Restaurationsbetrieb), Tel. 06261/44 25, Ende März – Ende Okt. täglich ab 10 Uhr, Do Ruhetag (außer feiertags)
• Landesgartenschau Mosbach, 25. April – 12. Oktober 1997, Gelände an der Elz, Tel. 06261/50 00

ℹ Auskunft

• Städtisches Verkehrsamt, Rathaus, 74821 Mosbach, Tel. 06261/82 2 36
• Ballonfahrten, Auskunft über das Städtische Verkehrsamt Mosbach
• Mosbacher Sommer, viele Veranstaltungen für Familien und Kinder, Auskunft über das Städtische Verkehrsamt Mosbach
• Gemeinde Mudau, Schloßauer Straße 2, 69427 Mudau, Tel. 06284/78 34

📖 Geeignetes Kartenmaterial

• Odenwald Südost (1:50 000), Landesvermessungsamt Baden-Württemberg
• Radwandern im Badischen Odenwald, Wanderbahn (1:50 000), Fremdenverkehrsgemeinschaft Odenwald-Neckartal e. V.

Abseits der Wanderbahn liegt der Märchenwald. Hier besuchen wir Hänsel und Gretel, Schneewittchen und die sieben Zwerge, Rotkäppchen und die anderen Gestalten aus dem Märchenbuch.

11 Kleiner Höhlenrundweg von Buchen zur Eberstadter Tropfsteinhöhle

Tourenlänge
14 Kilometer

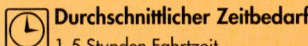
Durchschnittlicher Zeitbedarf
1,5 Stunden Fahrtzeit

Steigung
Gering

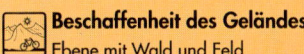
Beschaffenheit des Geländes
Ebene mit Wald und Feld

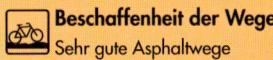
Beschaffenheit der Wege
Sehr gute Asphaltwege

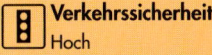
Verkehrssicherheit
Hoch

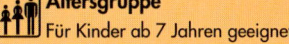
Altersgruppe
Für Kinder ab 7 Jahren geeignet

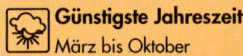
Günstigste Jahreszeit
März bis Oktober

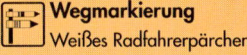
Interessantes am Weg
Die Sehenswürdigkeiten Buchens, Natur

Wegmarkierung
Weißes Radfahrerpärchen

Es ist ein bis zwei Millionen Jahre her, daß Wasser in eine Höhle tropfte und sich der Sinter – das sind die mineralischen Teile im Wasser – ablagerte. Die Sinterbildungen, die durch stetes Tropfen von der Decke in der Höhle herabhängen, heißen Stalaktiten, die, die vom Boden heraufwachsen, heißen Stalagmiten. Im Muschelkalksteinbruch bei Eberstadt öffnete sich durch eine Sprengung am

13. Dezember 1971 ein Spalt, etwa einen Meter hoch und zwei Meter breit. Schon die ersten vorsichtigen Erkundungen offenbarten eine der schönsten Tropfsteinhöhlen der Welt. Sachkundig durch den Landesgeologen beraten, arbeitete eine Gruppe Eberstadter Bürger ehrenamtlich 7500 Stunden daran, die Höhle für Besucher, auch für Gehbehinderte und Rollstuhlfahrer, zum einmaligen Erlebnis zu machen. Heute also wollen wir die Eberstadter Tropfsteinhöhle besuchen. Wir starten in Buchen, der romantischen Stadt im Madonnenländchen. Der Ostrand des Odenwaldes wird wegen der vielen Bildstöcke, Mariensäulen und Kapellen so genannt. Das Wahrzeichen Buchens ist die hohe und wunderschöne Mariensäule, im Volksmund »Bild« genannt, die auf dem Platz am Bild steht. Sie wurde 1754 in Zeiten der Zerstörung und der Pest aufgestellt; ihre Inschrift lautet in der Übersetzung aus dem Lateinischen: »Die Schutzbefohlenen, die Dir voll Andacht die Statue errichtet haben, nimm in Deinen Schutz, o Jungfrau.« Ihr wollen wir bei einem Stadtrundgang unsere Aufwartung machen.
Zuerst besteigen wir unsere Räder am Bahnhof in Buchen, fahren die Straße Am Haag hinunter, verlassen die Innenstadt über die Eberstadter Straße, die halblinks abgeht. Auf ihr entlang fahren wir bis zu einem Asphaltweg, der rechts vor der Unterführung unter der B 27 bei einem unbeschrankten Bahnübergang abzweigt. (Vorsicht, auch wenn die Warnblinkanlage uns nicht vor einem herannahenden Zug warnt! Wir halten und blicken nach links und nach rechts.) Ab jetzt weist uns ein Radfahrerpärchen den Weg; es ist auf Pfosten und Bäumen angebracht oder auf den Boden gemalt – immer weisen uns die weißen Radler

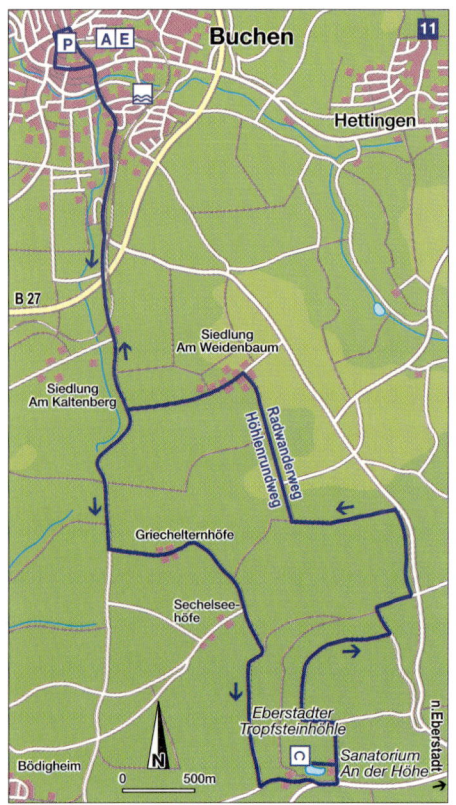

bei am Muschelkalksteinbruch und einem Teich führt der Weg links hinein. Hinter dem Sanatorium für Mutter, Vater und Kind »An der Höhle« geht es links hinab zum Eingang der Tropfsteinhöhle. Bei der einstündigen Führung durch die Wunderwelt unter der Erde, auf dem etwa 600 Meter langen Weg durch die **Eberstadter Tropfsteinhöhle**, die zwischen zwei und sieben Meter breit und zwischen zwei und acht Meter hoch ist, herrscht ständig eine Temperatur von 11 Grad und eine Luftfeuchtigkeit von etwa 95 Prozent. Hier betrachten wir die seltsamen Gebilde der Natur, denen die menschliche Phantasie Namen gegeben hat, wie beispielsweise »die weiße Frau von Eberstadt«, »Elefantenrüssel«, »Vesuv«, »Hochzeitstorte« und »Eisberg«. Neben dem Teich links vom Höhleneingang beginnt ein *geologischer Lehrpfad*, der unsere neugierigen Fragen zur Entstehung der Tropfsteinhöhle und zur Geschichte der Erde beantwortet.

Um nach *Buchen* zurückzukehren, halten wir uns links und fahren den Weg hinauf, lassen die Höhle hinter uns. Durch Felder geht es, von der Wegmarkierung mit den weißen Radlern geleitet, links, dann rechts im Bogen um ein Wäldchen herum, wieder links, rechts, bis unser Weg neben der Landstraße L 582 herläuft, wieder links in die Felder führt, rechts abbiegt und in der Siedlung »Am Weidenbaum« nach links auf den Weg trifft, den wir schon zur Höhle geradelt sind. Jetzt sind wir bald wieder in Buchen.

Haben wir die Morre überquert, radeln wir rechts Am Haag hoch, biegen wir gleich links in die Kellereistraße ein, auf deren rechter Seite der **Museumshof** liegt. Hier hatte sich im April 1525 der »Helle Haufen« der Odenwälder Bauern

auch die Richtung, die wir einzuschlagen haben.

Durch Felder und Wiesen radeln wir dahin, haben kaum Steigungen zu nehmen. Auf den breiten asphaltierten und betonierten Feldwegen geht es zunächst nach Süden, bis wir nach links zu den *Griechelternhöfen* gewiesen werden. Durch diese kleine Bauernsiedlung hindurch führt uns der Weg zum Wald, an dessen Rand wir entlangradeln, wieder nach Süden, dann durch Felder, bis unser Weg auf einen anderen stößt, dem wir nach links folgen. Und jetzt sind wir an der Eberstadter Tropfsteinhöhle. Vor-

versammelt; die revolutionären Bauern zwangen Götz von Berlichingen, ihr Anführer zu werden. Doch der Ritter mit der »eisernen Hand«, einer Prothese, verriet die Bauern bald und verdrückte sich vor einer großen Schlacht des Bauernkrieges. Am Museumshof liegen die Kurmainzische Kellerei, der Steinerne Bau von 1493, das Trunzer-Haus aus dem 17. Jahrhundert, die Zehntscheune von 1627 und andere Gebäude. Die Kellereistraße führt nach rechts, wird Fußgängerzone – und wir steigen ab und schieben –, geht über in die Marktstraße mit ihren prächtigen Häusern. Rechts hoch zum Marktplatz sehen wir das alte Rathaus von 1723 und das Buchener Bürgerhaus von 1719. Wir verlassen die Marktstraße durch den Stadtturm, das ehemalige Mainzer Tor, dessen Bau auf den Anfang des 14. Jahrhunderts zurückgeht. Und nun stehen wir vor dem »Bild«, der schönen Mariensäule von Buchen. Wie eine gute Mutter schaut uns die Jungfrau an. An ihr vorbei geht's die Hochstraße hinauf, und wir erreichen den Bahnhof und damit unseren Ausgangsort.

Das Madonnenländchen verdankt seinen Namen den vielen Darstellungen der Gottesmutter. Eine der schönsten ist das »Bild« in Buchen.

Informationen zur Tour

Anfahrt

Mit dem Pkw: Von Norden und Westen auf der A 3 bis Stockstadt, Abfahrt Richtung Miltenberg, über Amorbach auf die B 47 nach Buchen; von Osten auf der A 81 bis Abfahrt Tauberbischofsheim, auf der B 27 bis Buchen-Mitte; von Süden auf der A 6 bis Neckarsulm, auf der B 27 nach Norden bis Buchen-Mitte

Mit der DB: Bahnhof Buchen

Ausgangsort

Bahnhof Buchen

Zielpunkt

Wie Ausgangsort

Fahrradverleih

Fahrradfachgeschäft Dosch, Eisenbahnstr. 7, 74722 Buchen, Tel. 06281/42 11

Übernachtung unterwegs

Prinz Carl, Hochstadtstraße 1, 74722 Buchen, Tel. 06281/18 77

Kinderfreundliche Bewirtungen

• Zum Reichsadler, Hotel-Restaurant, Walldürner Straße 1, 74722 Buchen, Tel. 06281/ 52 260, Küche täglich 10 – 14 Uhr, 17 – 23 Uhr, So Abend und Mo Mittag geschlossen

12 Von Walldürn zum Freilandmuseum und durchs Rippberger Tal

Eine Zauberwelt unter der Erde, wie von Feen geschaffen, erleben wir in der Eberstadter Tropfsteinhöhle, einem Werk der wunderbaren Natur.

• Eiscafé Riviera, Amtsstraße 8, 74722 Buchen, Tel. 06281/96 3 71, Febr.– Okt. täglich 10 – 22 Uhr

🏛 Öffnungszeiten
• Eberstadter Tropfsteinhöhle, 74722 Buchen-Eberstadt, Tel. 06292/578, 1. März – 31. Okt. täglich 10 – 16 Uhr, 1. Nov. – 28. Febr. Sa und So geschlossen, feiertags 13 – 16 Uhr
• Bezirksmuseum Buchen (mit Narrenringstube in der Zehntscheune), Museumshof, Kellereistraße 25 – 29, Tel. 06281/88 98, Mitte Mai – Ende Sept. Di, Do, So 14 – 16.30 Uhr, ganzjährig (außer an Feiertagen)
Mi 19.30 – 21 Uhr
• Beheiztes Waldschwimmbad im Buchener Mühltal, Tel. 06281/35 51 60, Mai – Sept. täglich 9 – 20 Uhr

ℹ️ Auskunft
Tourist-Information, Platz am Bild, 74722 Buchen, Tel. 06281/27 80

📖 Geeignetes Kartenmaterial
Stadtplan Buchen, Mit Radwanderweg und Höhlenrundweg (1:20 000), Städte-Verlag

 **Tourenlänge**
23 Kilometer

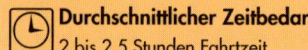 **Durchschnittlicher Zeitbedarf**
2 bis 2,5 Stunden Fahrtzeit

 Etappen
Freilandmuseum, Rippberg

 **Steigung**
Mäßig

 Beschaffenheit des Geländes
Feld und Wald, Hügel und Tal

 Beschaffenheit der Wege
Schotter- und Asphaltwege, Straßen

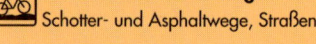 **Verkehrssicherheit**
Hoch, Vorsicht auf der B 47 (1 Kilometer)

 Altersgruppe
Für Kinder ab 10 Jahren geeignet

 Günstigste Jahreszeit
März bis Oktober

 Besondere Ausrüstung
Badesachen

 Wegmarkierung
Verschiedene (siehe Text)

Der letzte Orkan hat vor geraumer Zeit auch im Odenwald gewütet. Die Arbeitswut der Straßenbauarbeiter hat auch einiges in der Natur verändert. So ist in der Wirklichkeit einiges anders als in der Wanderkarte. Das aber soll uns

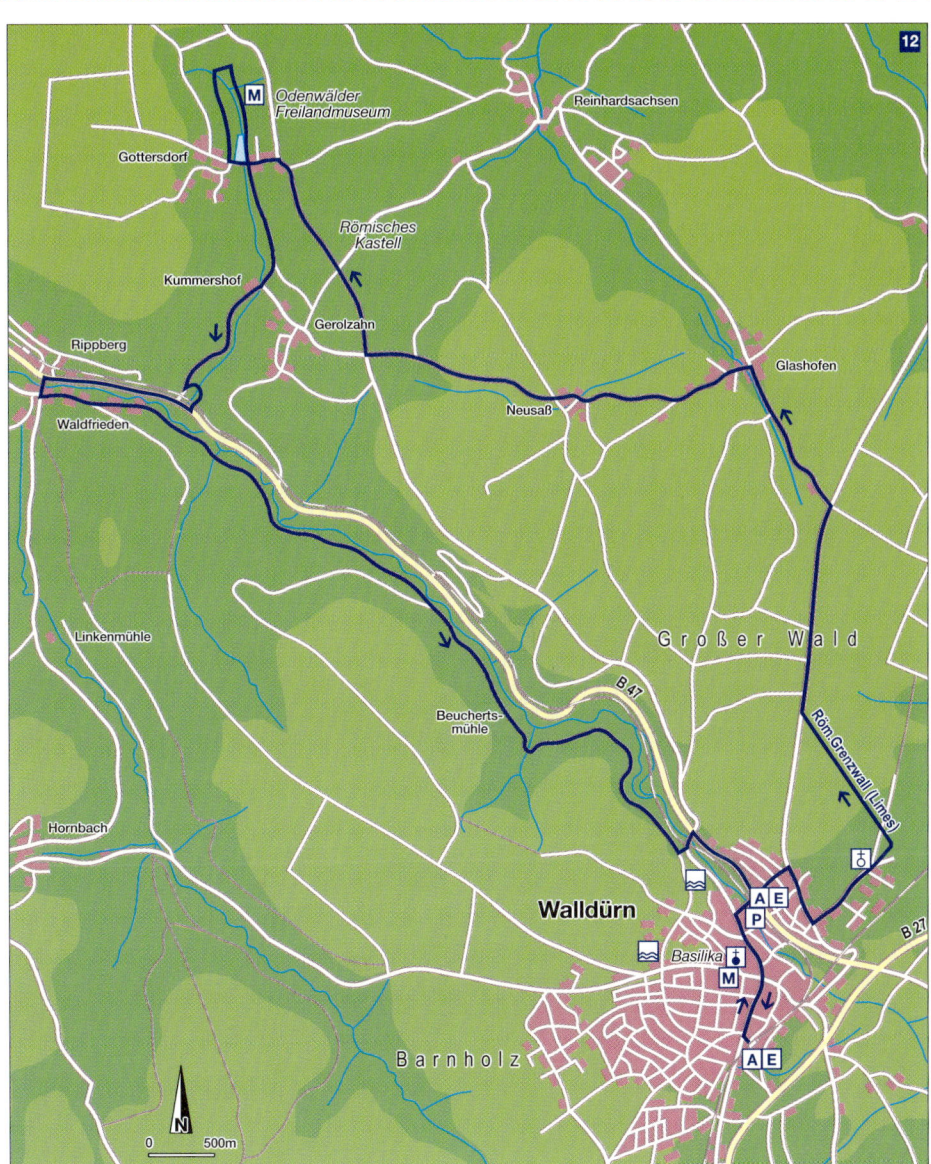

nicht hindern, das idyllische Walldürn und seine Umgebung zu erfahren. Wenn wir mit dem Zug in der über 1200 Jahre alten Stadt Walldürn eintreffen, fahren wir mit unseren Rädern bis zur Adolf-Kolping-Straße, folgen dieser nach rechts, bis sie auf die Hauptstraße trifft, in die wir links einbiegen. Wenn diese Straße anfängt, Miltenberger Straße zu heißen, sind rechts

Im Odenwälder Freilandmuseum erleben die Kinder die vergangene Dorfwelt, die für manche ihrer Eltern oder Großeltern zur eigenen Kindheit gehörte.

unten Parkplätze, wo wir unser Auto abstellen, falls wir mit dem Pkw anreisen. Die liebevoll gestalteten Fachwerkhäuser fallen uns auf bei der Fahrt durch die fröhliche Stadt. Wir kommen am **Stadt- und Wallfahrtsmuseum** vorbei – oder besuchen es. Vor dem Museum befindet sich eine schöne Madonnenstatue: Wir sind im Madonnenländchen. Nicht weit entfernt, in der Burgstraße um die Ecke, befindet sich das **Elfenbeinmuseum** mit seinen reichen Schätzen und der Krippenschau. Alles überragend erhebt sich die **Basilika,** die Wallfahrtskirche zum Heiligen Blut. Walldürn ist ein bekannter **Wallfahrtsort** in Deutschland. Die Bilder der Außenflügel des Heilig-Blut-Altars erzählen, was sich um das

Jahr 1330 zugetragen hat. Der Priester Heinrich Otto feierte in der Kirche des heiligen Georg zu Walldürn die Messe. Nachlässig und unaufmerksam stieß der Priester nach der Wandlung den konsekrierten Kelch um, der gewandelte Wein ergoß sich auf das Korporale und zeichnete blutigrot das Bild des Gekreuzigten, umgeben von elf Abbildungen des Hauptes Christi mit der Dornenkrone. Der Priester versteckte das Leinentuch unter der Altarplatte. Vor seinem Tod offenbarte er das Geheimnis des blutigen Korporales. Das Tuch wurde gefunden, und die Nachricht von diesem *Blutwunder* verbreitete sich rasch. Bald kamen die ersten Pilger nach Walldürn, um das Heilige Blut zu verehren. 1445 wurde das Tuch nach Rom gebracht, Papst Eugen IV. anerkannte das Blutwunder mit der Gewährung eines Ablasses. Damals waren auf dem Tuch noch der Heiland und die elf Christusköpfe zu sehen; inzwischen ist das Bild längst verblichen. 1497 wurde eine größere Kirche eingeweiht, der Blutaltar, ein Nebenaltar, wurde zum Mittelpunkt der Ablaßfeier. Die Kirche war für die Schar der Wallfahrer bald wieder zu klein, und eine noch größere wurde von 1698 bis 1728 errichtet, wobei der Unterbau des Nordturms der älteste Teil ist und aus der Zeit um 1330 stammt. 1962 wurde die Wallfahrtskirche von Papst Johannes XXIII. zur »Basilica Minor« erhoben. Vom Sonntag nach Pfingsten steht Walldürn für vier Wochen im Zeichen der *Wallfahrt zum Heiligen Blut.* Die größten Pilgerströme kommen zu Fuß von Köln und Fulda her. Mehr als 180 000 Gläubige wallfahren Jahr für Jahr nach Walldürn. Über die Miltenberger Straße verlassen wir Walldürn. Ein Wegweiser zeigt die Dr.-Konrad-Adenauer-Straße rechts hin-

So schön das Museumsdorf am alten Teich liegt, die Gebäude und die Einrichtungen erzählen auch vom harten Los und der schweren Arbeit der Kleinbauern und der armen Tagelöhner, die einst im Odenwald lebten.

ein zum »Limes«, ein weiterer Wegweiser am Sportplatz führt uns rechts die Wettersdorfer Straße entlang, am Industriegebiet geht's nach links in die Boschstraße. Wir kommen an der *Laurentiuskapelle* von 1764 vorbei und biegen links in den Wald, folgen ein Stück dem »Prozessionsweg Fußwallfahrer«, wie uns ein Wegweiser sagt, und dann dem weißen W 6. Jetzt fahren wir immer geradeaus auf dem Limes entlang. Aus dem ehemaligen Grenzwall ist ein leicht erhöhter und geschotterter Weg geworden. Links von uns lag einst das Römische Reich, rechts Germanien, der wilde Osten der Römer.
Wenn wir auf die wenig befahrene Straße nach Wettersdorf stoßen, die K 3910, biegen wir rechts auf diese Straße ein; sonst würde unser Limesweg nach etwa 1 Kilometer auf einer großen Straßenbaustelle enden. Wir biegen nach links Richtung Glashofen, von hier wieder nach links auf die K 3913 Richtung Gerolzahn, und kommen durch Neusaß; es sind hübsche Dorfidyllen, durch die wir gemächlich radeln. Selten begegnet uns auf diesen

Straßen ein Auto oder ein landwirtschaftliches Fahrzeug. Weit schweift unser Blick über Wiesen und Felder hin zu den Höhen der Umgebung. Vor *Gerolzahn* weisen uns Schilder den Weg nach Gottersdorf und zum Freilandmuseum, rechts die L 518 entlang.
Nach insgesamt 10 Kilometern sehen wir links das Odenwälder Freilandmuseum und das Dorf Gottersdorf. Wir fahren die wenigen Meter hinunter und kommen an den großen Fischweiher, einem ehemaligen Klosterteich aus dem 14. Jahrhundert. Auf dem Weg umrunden wir das Freilandmuseum und kommen an den verschiedenen Baugruppen »Bauland«, »Neckarland« und »Odenwald« vorbei zum Eingang auf der anderen Seite des Weihers. Nun besuchen wir die Gebäude, die aus den verschiedenen Landschaften stammen und hier neu aufgebaut wurden. Die Innenräume mit ihren alten Einrichtungen und Gegenständen sind erhalten, damit wir uns ein lebendiges Bild vom Leben in der Vergangenheit machen können. Wir sehen einen Kleinbauernhof mit Dorfschenke von 1719, einen Schweine-

und Hühnerstall, ein Schäferhaus aus der Zeit um 1870 und ein Tagelöhnerhaus von 1798 in der Baugruppe »Odenwald«; dann einen Bauernhof mit Wohnhaus aus dem Jahr 1798, den Hausgarten und die Stallscheune. Alle Gebäude können wir hier nicht aufzählen, auch kommen immer wieder neue hinzu – das Museumsdorf befindet sich in dauerndem Aufbau und Wachstum. Aber die Grünkerndarre wollen wir besonders erwähnen. Zum Teil wird heute noch in den Baulandgemeinden der angebaute Dinkel in solchen Darren »gedörrt«, zu Grünkern verarbeitet. Dinkel ist eine anspruchslose, winterharte Weizenart, die in der Jungsteinzeit überall in Europa verbreitet war. Das Getreide, auch Spelz oder Schwabenkorn geheißen, wird grün geerntet und liefert ein Mehl von hohem Nährstoffgehalt. Am dritten Juli-Wochenende wird beim Jahresmuseumsfest, dem Grünkernfest, die Museumsdarre in Betrieb genommen. Handwerker-, Kartoffel- und Mosttage werden auch im Freilandmuseum veranstaltet.

Nach dem Verlassen des Museumsgeländes besuchen wir das *Großbauernhaus Schüssler*, das um 1725 erbaut wurde und großbäuerliches Leben zwischen 1780 und 1960 dokumentiert. 200 Meter vom Freilandmuseum entfernt steht es an seinem ursprünglichen Platz.

Gleich am Weiher fahren wir die Straße entlang nach *Gerolzahn*, biegen aber nicht links ab, sondern fahren rechts Richtung *Rippberg*. Kurvenreich geht es durch den Wald; die Straße ist nicht sehr verkehrsreich. Unter der Bahnunterführung hindurch kommen wir an die B 47. Wir vermeiden, diese verkehrsreiche Straße nach links Richtung Walldürn zu fahren. Wir radeln die

Strecke einen Kilometer rechts nach Rippberg, beim Gasthaus »Zu den drei Meerfräulein«, einem schönen alten Fachwerkbau, biegen wir nach links in die Hornbacher Landstraße, überqueren den Marsbach, links geht's in den Von-Echter-Ring. Vor uns links der alte Schloßturm, rechts ein alter Brunnen; wir fahren rechts am Brunnen vorbei und radeln nun am Waldrand (W 4) und den Marsbach entlang nach Walldürn, an der *Beuchertsmühle* und dem *Tierpark* vorbei, bis wir nach dem *Schwimmbad,* das einlädt, im frischen Naß uns zu erholen, wieder auf der B 47/Miltenberger Straße in Walldürn ankommen.

Informationen zur Tour

Ⓐ Anfahrt

Mit dem Pkw: Von Norden und Westen auf der A 3, Abfahrt Richtung Miltenberg, über Amorbach auf der B 47 nach Walldürn; von Süden auf der A 6 bis Abfahrt Neckarelz, auf der B 27 nach Walldürn; von Osten auf der A 81 bis Tauberbischofsheim, auf der B 27 nach Walldürn
Mit der DB: Bahnhof Walldürn

Ausgangsort

Bahnhof Walldürn oder Parkplatz an der Haupt-/Miltenberger Straße

Zielpunkt

Wie Ausgangsort

Fahrradverleih

Willi Kreis, Blumenstraße 15, 74731 Walldürn, Tel. 06282/338

Übernachtung unterwegs

• Hotel »Zum Riesen«, Hauptstraße 14, 74731 Walldürn, Tel. 06282/531

• Ferien auf dem Bauernhof: August Beuchert, Geisbergstraße 8, 74731 Walldürn-Wettersdorf, Tel. 06282/40 1 46

Kinderfreundliche Bewirtungen
• Beuchertsmühle, Miltenberger Straße, 74731 Walldürn, Tel. 06282/80 43, täglich 11.30 – 21 Uhr, Di Ruhetag
• Gasthof »Zum Löwen«, Neusaßer Straße 25, 74731 Walldürn-Glashofen, Tel. 06282/10 04, täglich 11.30 – 14.30 Uhr, 17 – 21 Uhr, Di Ruhetag

Öffnungszeiten
• Elfenbeinmuseum mit Krippenschau, im Pfarrheim, Burgstraße, 74731 Walldürn, nur nach telefonischer Voranmeldung Tel. 06282/67 1 07
• Stadt- und Wallfahrtsmusem, Hauptstraße 39, 74731 Walldürn, Tel. 06282/670, Di, Do, So 14 – 16 Uhr
• Wallfahrt zum Heiligen Blut, Wallfahrtszeit: jeden Sonntag vier Wochen nach Pfingsten, Information: Kath. Pfarramt St. Georg, Burgstraße 26, 74731 Walldürn, Tel. 06282/92 030
• Odenwälder Freilandmuseum, Weiherstraße 12, 74731 Walldürn-Gottersdorf, Tel. 06286/320, täglich Mai – Sept. 10 – 18 Uhr, Apr. und Okt. 10 – 17 Uhr, Mo Ruhetag
• Freischwimmbad, Richtung Rippberg, Tel. 06282/62 66, Mitte Mai – Mitte Sept., täglich 9 – 20 Uhr

Auskunft
Tourist-Information, Im Alten Rathaus, Hauptstraße 27, 74731 Walldürn, Tel. 06282/67 1 06

Geeignetes Kartenmaterial
• Wander- und Freizeitkarte Walldürn (1:25 000)
• Walldürn Odenwald Südost (1:50 000), Landesvermessungsamt Baden-Württemberg

13 Von Amorbach zur Wildenburg

Tourenlänge
17 Kilometer

Durchschnittlicher Zeitbedarf
2 Stunden Fahrtzeit

Steigung
Leicht, nur zur Wildenburg teils steil

Beschaffenheit des Geländes
Wald und Feld, Berg und Tal

Beschaffenheit der Wege
Waldweg und Pfad (oder Straße) bis Buch, breiter Asphaltweg

Verkehrssicherheit
Hoch – Ausnahme: Straße

Altersgruppe
Für Kinder ab 10 Jahren geeignet

Günstigste Jahreszeit
März bis Oktober (für den Pfad ab Mai)

Interessantes am Weg
Viel Natur

Wegmarkierung
Rote Raute

Für diese Strecke brauchen wir nicht viel Kraft und Ausdauer, aber Geschick und Fahrkunst. Zunächst radeln wir vom Altstadt-Parkplatz beim Bahnhof Amorbach auf der Dubonstraße in die vom Barock geprägte Stadt **Amorbach**, die »Perle des Odenwaldes«. Wir fahren an der Rückfront des ehemaligen Konvents vorbei, den wir rechts sehen, biegen rechts in die Sandgasse ein, die sich nach links in die Kirchzeller Straße fortsetzt und am Seegarten vorbeiführt. Wir können auf dieser meist stark be-

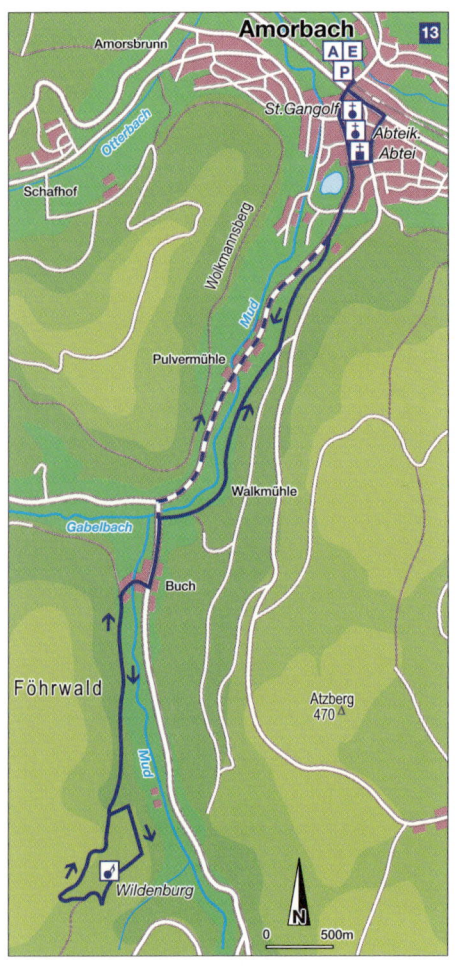

das Gras und vor allem die Brennesseln niedergetreten. Der Weg mit geringer Steigung verengt sich zum Pfad, links unten fließt die Mud. Der Weg ist gesäumt von wilden Blumen, Brombeerhecken, Hollerbüschen und Heckenrosen. Es duftet nach Kräutern und Gräsern. Vorsicht, manchmal ist der Pfad durch Steine und Wurzelwerk holprig, dann steigen wir lieber ab, als in die Dornen oder den Abhang hinunter zu fallen. Rechts zweigt ein Weg zum Gasthaus »Pulvermühle« ab. Bei der *Walkmühle* sehen wir unterhalb des Pfades einen Teich und hören das Wasser, das hier gestaut ist, rauschen.

Wir stoßen auf die Straße, die links nach **Buch** führt. Es ist ein Dorf wie aus dem Bilderbuch. Ein Wegweiser zeigt nach rechts zur *Wildenburg*. Wir fahren in den Ort, überqueren die Mud, halten uns links, auf einer kleinen Asphaltstraße, die wir mit Wanderern, selten mit einem Pkw oder einem landwirtschaftlichen Fahrzeug teilen, geht es leicht bergan. Ab und zu sollten wir anhalten, um den Blick ins Tal, zurück nach Amorbach und zum Katzenbuckel im Südosten hinüber zu genießen. Dieser *Katzenbuckel* mit seinen 472 Metern ist nicht zu verwechseln mit dem höchsten Berg des Odenwaldes, den wir auf Tour 8 zwischen Eberbach und Zwingenberg gesehen haben. Rechts erhebt sich der *Föhrwald* mit seinen 437 Metern. Dann sehen wir auch schon, wie die Wildenburg sich über die Bäume erhebt. Nach knapp 6,5 Kilometern haben wir am Waldrand den Fuß des Berges erreicht. Von dem 1 Kilometer zur Burg hinauf müssen wir wohl fast die ganze Strecke schieben.

Dann stehen wir neben der majestätischen Ruine der **Wildenburg** oder **Burg Wildenberg**. Im ehemaligen Burggraben

fahrenen Straße bleiben und dann links nach Buch einbiegen. Wenn wir aber etwas Abenteuerlust verspüren und begabte Radfahrer sind, verlassen wir nach etwa 1,5 Kilometern die Straße und biegen am Waldrand links in den mit einer roten Raute markierten Wanderweg ein. Dafür darf es aber in den letzten Tagen nicht geregnet haben, und ganz früh in der Saison haben die Wanderer auf diesem Weg noch nicht

führt uns der Weg zum Eingang. Durch den Torbau betreten wir den großen Hof, sehen links die Reste eines Wohnhaus und den restaurierten Bergfried. Durch die Sperrmauer rechts schreiten wir in den Innenhof und betreten den Palas, wo wir den großen Kamin sehen. Wolfram von Eschenbach, der Dichter des mittelhochdeutschen Versromans »Parzival«, spielt auf diesen Kamin an, wenn er schreibt: »So große Feuer hat sowieso noch niemand hier gesehn auf Wildenberg.« Wie groß müssen also die Feuerstellen auf der Gralsburg gewesen sein? Die 24 812 Verse um den Gral und die Ritter der Tafelrunde, die wir auch aus dem Epos um »Prinz Eisenherz« kennen, hat Wolfram in den Jahren 1200 bis 1210 zum Teil auf der Burg Wildenberg geschrieben. Damals war die Burg in all ihrer Pracht ein neues Bauwerk gewesen. Die Edelherren von Dürn, verdiente Gefolgsleute der Stauferkaiser, ließen sie erbauen, für den Dichter war sie auch ein Vorbild seiner Gralsburg der Phantasie. Das Erzstift Mainz kaufte die Burg 1271, als Amtssitz der Mainzer Herrschaft wurde sie im Bauernkrieg 1525 zerstört. Heute untersteht sie der Fürstlich Leiningenschen Verwaltung. Und wir haben heute von hier einen wunderbaren Blick in die Täler und auf die Höhen des Odenwaldes.

Von der Burg aus nehmen wir den mittleren Weg hinab vom Berg, der als Waldweg, teils geschottert, gut zu befahren ist. Wir beachten die gelbe 1 im Kreis, folgen aber diesem Zeichen nicht, wenn es rechts bergauf weist. In wenigen Minuten sind wir am Waldrand und radeln über Buch zurück nach Amorbach.

In Amorbach biegen wir nicht nach rechts in die Sandgasse ein, fahren geradeaus und stehen vor der *Abteikirche*

Die Fassade der barocken Abteikirche von Amorbach, die aus Odenwälder Sandstein errichtet wurde, ist geschmückt mit reichem Figurenwerk, Engeln und Heiligen.

der ehemaligen Benediktiner-Abtei, die im Jahr 734 gegründet wurde. 1803 ging die Abtei in den Besitz der Fürsten von Leiningen über, seit damals ist die prachtvolle Kirche aus dem 18. Jahrhundert ein evangelisches Gotteshaus. Die Brüder Stumm hatten 1774 bis 1783 die weltberühmte Orgel für diese Kirche erbaut. Im Konvent neben der Kirche, nach 1803 Residenz, sind die Bibliothek und der Grüne Saal sehenswert. Über den Schloßplatz hinüber auf der anderen Seite in der ehemaligen

Klostermühle befindet sich heute das beliebte Café Schloßmühle. Die Schmiedsgasse entlang, rechts die Geisgasse hinein – da steht das *Heimatmuseum* in der Mainzer Amtskellerei. Zurück und die Löhrstraße hinein, kommen wir rechts am Hundsgäßchen zum *Templerhaus* von 1291, einem der ältesten Fachwerkhäuser Deutschlands. Über den Badersweg an der Ecke und über die Miltenberger Straße hinunter sehen wir rechts die *Katholische Pfarrkirche*, einen Rokokobau, dem hl. Gangolf geweiht. Rechts über die B 47 hinweg liegt der Bahnhof, geradeaus der Altstadt-Parkplatz – unser Ausgangsort.

Informationen zur Tour

Anfahrt

Mit dem Pkw: Von Norden und Westen auf der A 3, Abfahrt Stockstadt, Richtung Miltenberg, von dort auf der B 469 nach Amorbach; von Osten und Süden auf der A 81, Abfahrt Tauberbischofsheim, auf der B 27 nach Walldürn, auf der B 47 nach Amorbach oder von Süden und Westen auf der A 5, Abfahrt Bensheim, auf der B 460 bis Erbach, auf der B 47 nach Amorbach

Mit der DB: Bahnhof Amorbach

Ausgangsort

Altstadt-Parkplatz neben dem Bahnhof oder Bahnhof Amorbach

Zielpunkt

Burgruine Wildenberg

Rückfahrt

Zum großen Teil wie Hinfahrt (siehe Text)

Fahrradverleih

Zweiradladen Markus Eichhorn, Steinerne Gasse 10, 63916 Amorbach, Tel. 09373/ 23 28

Übernachtung unterwegs

Landhotel und Restaurant »Der Schafhof«, 63916 Amorbach, Otterbachtal, Tel. 09373/97 3 30, mit Fahrradverleih

Kinderfreundliche Bewirtung

Gasthaus Pulvermühle, Kirchzeller Straße, 63916 Amorbach, Tel. 09373/509, täglich 9.30 – 22 Uhr, Do Ruhetag

Öffnungszeiten

• Ehemalige Benediktiner-Abtei, Bibliothek und Grüner Saal, Schloßplatz, 63916 Amorbach, März wochentags 9.40 – 11.40 Uhr, 13.40 – 17 Uhr, sonntags 13 – 17 Uhr, Apr. und Okt. wochentags 9.20 – 12 Uhr, 13.20 – 17.20 Uhr, sonntags 11.20 – 17 Uhr, Mai – Sept. wochentags 9.20 – 12 Uhr, 13.20 – 18 Uhr, sonntags 11.20 – 18 Uhr
• Orgelvorführungen (ca. 40 Minuten) in der ehem. Benediktiner-Abtei, Mai – Okt. Di – Sa um 15 Uhr, Sa auch um 11 Uhr
• Templerhaus, Hundsgäßchen, 63916 Amorbach, Mai – Okt. Mi 16.30 – 17.30 Uhr, Sa 11 – 12 Uhr
• Heimatmuseum, Kellereigasse, 63916 Amorbach, Apr. – Sept. tägl. 13–18 Uhr, Mi ab 10 Uhr
• Sammlung Berger (Teekannen, Puppen, Pepsi-Sammlung), Wolkmannstraße 2, 63916 Amorbach, 1. Apr. – 31. Okt. täglich 13.30 – 17.30 Uhr, außer montags

Auskunft

Verkehrsamt im Alten Rathaus, Marktplatz, 63916 Amorbach, Tel. 09373/20 9 40

Geeignetes Kartenmaterial

• Heimatkarte, Stadtplan und Wanderkarte Luftkurort Stadt Amorbach (1:50 000), Sparkasse
• Odenwald Südost (1:50 000), Landesvermessungsamt Baden-Württemberg

14 Von Miltenberg über Kleinheubach zu den Heunesäulen

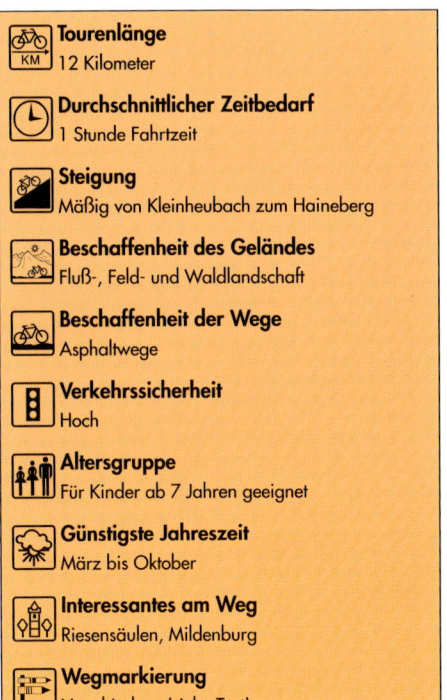

Tourenlänge
KM 12 Kilometer

Durchschnittlicher Zeitbedarf
1 Stunde Fahrtzeit

Steigung
Mäßig von Kleinheubach zum Haineberg

Beschaffenheit des Geländes
Fluß-, Feld- und Waldlandschaft

Beschaffenheit der Wege
Asphaltwege

Verkehrssicherheit
Hoch

Altersgruppe
Für Kinder ab 7 Jahren geeignet

Günstigste Jahreszeit
März bis Oktober

Interessantes am Weg
Riesensäulen, Mildenburg

Wegmarkierung
Verschiedene (siehe Text)

Wer mit dem Zug in Miltenberg ankommt, fährt vom Hauptbahnhof, der an der Brückenstraße liegt, diese entlang zur Mainbrücke und gelangt auf die linksmainische, die Odenwälder Seite mit der Altstadt. Die Brücke mit dem breiten Brückenturm sieht nur historisch aus, sie stammt aus der Zeit um 1900. Wer mit dem Pkw ankommt, fährt unter dem Brückenturm zum Parkplatz am

Mainufer. Hier sind auch die Radler vom Hauptbahnhof eingetroffen.
Vom Parkplatz fahren wir mainabwärts auf dem Rad- und Fußweg, kommen an einer efeuumrankten Säule und am Minigolfplatz vorbei. Links sehen wir die Stadtpfarrkirche *St. Jakobus* und darüber thronend die um 1200 errichtete Mildenburg. Wir kommen auf die Mainzer Straße, bleiben auf dem Radweg neben der vielbefahrenen Straße, auch wenn ein Schild auf das Ende des Radweges hinweist. Der Weg ist so breit, daß auch die Einheimischen ihn als Radweg benutzen. Das lustige Türmchen auf der rechten Seite ist das Schwertfegertor. Oben in dem putzigen Häuschen wohnte einst ein Waffenschmied, nach dem dieser Abschluß der inneren Vorstadt seinen Namen erhielt. Wenn wir über die Brücke der Mudau geradelt sind, führt rechts eine Treppe mit einer Fahrradschiene hinunter. Unten besteigen wir wieder die Räder und folgen dem Radweg links nach *Kleinheubach*; Wegweiser zeigen uns die Richtung durch die Schrebergärten, über den beschrankten Bahnübergang rechts, dann wieder links. Nach gut 4 Kilometern kommen wir am Barockschloß in Kleinheubach an. An der Pforte radeln wir in den Hof und stellen fest, daß das Schloß von der Telekom benutzt wird und nicht zu besichtigen ist. Wir fahren durch die Hauptstraße, biegen links in die Friedensstraße, überqueren die Bahnlinie und fahren geradeaus die Rüdenauer Straße hoch, folgen der blauen Raute als Wegmarkierung. Wir verlassen Kleinheubach, überqueren in Feldern und Wiesen die Autostraße, die rechts nach Rüdenau führt; auf der anderen Seite geht es hoch zum Wald, in den wir links einbiegen. Unser Weg ist nun eine kleine As-

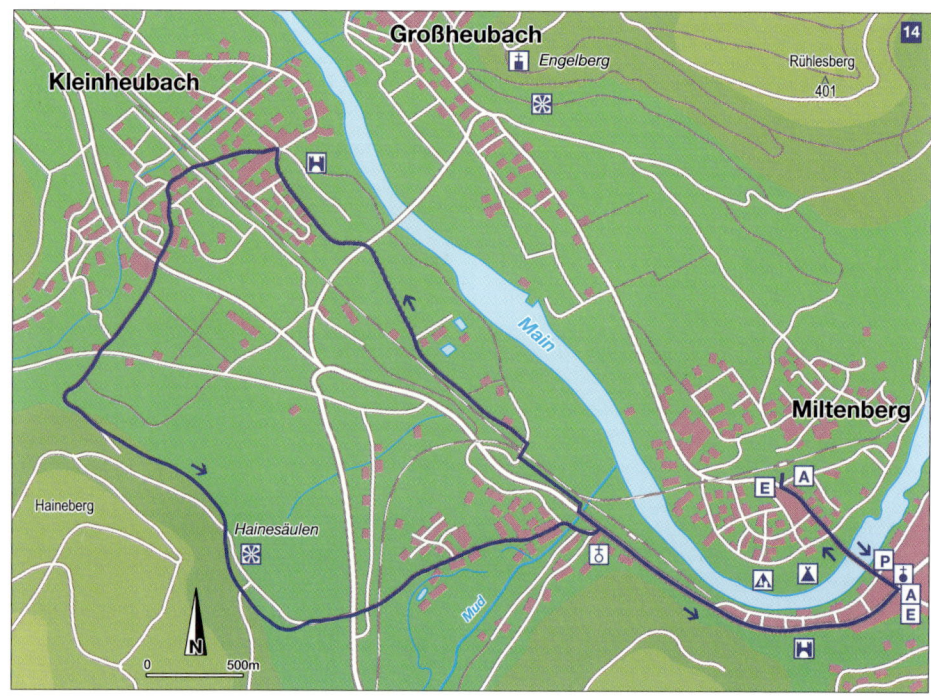

phaltstraße, auf der wir am Rand des Hainebergs leicht bergan fahren. Auf der rechten Seite weist uns ein Wegweiser zu den Haine- oder Heunesäulen. Wir steigen ab, und bewundern einige Buntsandsteinsäulen im Wald. Diese sind groß und haben daher ihren Namen, bedeutet Heune doch: Riese. Im 10. Jahrhundert wurden diese Säulen hier gefertigt, wohl wegen der Transportschwierigkeiten blieben sie im Wald liegen. Im 17. Jahrhundert wurden noch 14 Säulen gezählt. Vier davon wurden zu Mühlsteinen zerschnitten, je eine Säule kam in die Museen nach München und Nürnberg.

Nun fahren wir unseren Weg weiter und kommen zu einem Parkplatz, von dem ein schöner Blick auf Miltenberg, die »Perle des Mains«, den Fluß, jenseits davon auf die Spessartberge zu genießen ist. Über Großheubach auf der rechten Seite des Mains sehen wir Kloster Engelberg leuchten. Jetzt geht es bergab, auf einer Brücke überqueren wir die Straße nach Amorbach, fahren die Breitendieler Straße hinunter zum Main. Vor der Mainzer Straße steht rechts die Laurentiuskapelle, die 1380 erwähnt, deren Langhaus 1594 erweitert wurde. Am Mainzer Tor, dem westlichen Torturm, auch Spitzturm genannt, überqueren wir vorsichtig die Straße, um auf dem Rad- und Fußweg zurückzufahren. Vor uns liegt das schöne Panorama von Miltenberg mit den Spessartbergen im Hintergrund. Bevor wir auf den Platz unter der Mainbrücke kommen, sehen wir wieder die Säule am Weg und wissen nun, daß es eine der berühmten Heunesäulen ist.

Bevor wir uns auf den Heimweg machen, wollen wir noch einen Blick in die *Altstadt* von Miltenberg werfen. Wir überqueren die Mainstraße und gehen die Ziegelgasse zur Hauptstraße hoch, wenden uns nach links in die Hauptstraße. Auf der linken Seite entdecken wir das prächtige *Gasthaus zum Riesen* von 1590, eines der ältesten Gasthäuser Deutschlands, das wegen seiner Gäste in früherer Zeit auch »Fürstenherberge« genannt wird. Am alten Staffelbrunnen an der rechten Seite vorbei gelangen wir nun zum berühmten *Marktplatz* von Miltenberg mit seinen Fachwerkhäusern. In der Mitte steht der Marktbrunnen aus rotem Sandstein von 1583. Hinter dem Marktplatz der *Schnatterlochturm* und der Aufgang zur Mildenburg.

Informationen zur Tour

Anfahrt

Mit dem Pkw: Von Norden und Westen auf der A 3, Abfahrt Stockstadt nach Miltenberg; von Osten und Süden auf der A 81, Abfahrt Tauberbischofsheim über Walldürn auf der B 47 nach Amorbach, auf der B 469 nach Miltenberg

Mit der DB: Hauptbahnhof Miltenberg

Ausgangsort

Hauptbahnhof Miltenberg oder Parkplatz an der Mainbrücke auf der linken Flußseite

Zielpunkt

Wie Ausgangsort

Fahrradverleih

Mountainbike-Verleih, Sporthütte Wild, Untere

Ein Bummel durch die Altstadt von Miltenberg – die Fahrräder haben wir am Ufer des Mains geparkt – ist wie ein Spazierang durch die Vergangenheit.

Walldürner Straße 11, 63897 Miltenberg, Tel. 09371/31 54

Übernachtung unterwegs

Hotel Mildenburg, Mainstraße 77, 63897 Miltenberg, Tel. 09371/27 33

Kinderfreundliche Bewirtungen

• Beim singenden Wirt, Hauptstraße 108, 63897 Miltenberg, Tel. 09371/24 02 , täglich 11 – 22 Uhr, Mo Ruhetag

• Riesen, Hauptstraße 99, 63897 Miltenberg,

Miltenberg, die »Perle des Mains«, mit den Spessartbergen links im Hintergrund und den Höhen des Odenwaldes, die rechts den Fluß bekränzen.

15 Von Beerfelden über die Hirschhorner Höhe nach Rothenberg

 **Tourenlänge**
24 Kilometer ab Beerfelder Galgen, 32 Kilometer ab Bahnhof Beerfelden-Hetzbach, Variante 2 Kilometer länger

 Durchschnittlicher Zeitbedarf
2 bis 3 Stunden Fahrtzeit

 Etappen
Rothenberg

 Steigung
Kaum, nur am Anfang und Ende der Tour

 Beschaffenheit des Geländes
Mittelgebirgs-Höhenzug

 **Beschaffenheit der Wege**
Kleine Straßen, feste Feld- und Waldwege

 Verkehrssicherheit
Hoch

Altersgruppe
Für Kinder ab 10 Jahren geeignet

Günstigste Jahreszeit
März bis Oktober

 Interessantes am Weg
Steinerne Zeugen der Vergangenheit

Wegmarkierung
Verschiedene (siehe Text)

Tel. 09371/67 2 38, täglich 11 – 21 Uhr, Di 11 – 18 Uhr

🏛 **Öffnungszeiten**
• Mildenburg, Tel. 09371/12 43, 40 01 – 19, Apr. – Okt. täglich außer Mo
• Museum in der Amtskellerei, Marktplatz, 63897 Miltenberg Tel. 09371/40 40 – 19, Öffnungszeiten bitte erfragen

ℹ️ **Auskunft**
• Tourist-Information, Engelplatz 69, 63897 Miltenberg, Tel. 09371/40 40 – 19
• Tourist-Information Landkreis Miltenberg, Brückenstraße 2, 63897 Miltenberg, Tel. 09371/50 15 02
• Personenschiffsreederei Hans Henneberger, Mainanlage, 63897 Miltenberg, Tel. 09371/33 30

📖 **Geeignetes Kartenmaterial**
• Wanderkarte Miltenberg und Umgebung (1:25 000), Tourist-Information Miltenberg
• Bergstraße – Odenwald, Nordost (1:50 000), Hessisches Landesvermessungsamt

Das **Beerfeldener Land**, durch das wir heute radeln, liegt zwischen 280 und 555 Meter über dem Meer. Das braucht uns Radfahrer aber nicht zu schrecken, denn bis auf wenige Ausnahmen am Anfang und am Ende unse-

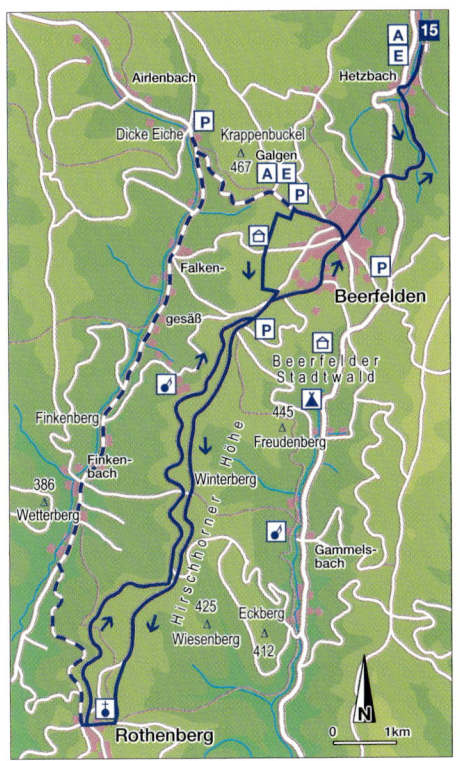

chem Verurteilten, der hier zu Tode gebracht wurde, ein Trost gewesen sein
mag, mit dem letzten Blick die Schönheit
dieser Welt noch einmal gesehen zu haben? Anstelle eines hölzernen Galgens
wurde 1597 dieser »dreischläfrige Galgen« aus drei sechs Meter hohen Rot-
sandsteinsäulen errichtet, die im Dreieck
stehen und mit Eisenbändern verbunden
sind. An dieser Richtstätte konnten zur
gleichen Zeit einige Delinquenten gehenkt werden. Aus der Zeit dieser grau-
samen Rachejustiz gibt es viele Geschichten. Zwei davon, die eines gewis-
sen Galgenhumors nicht entbehren,
wollen wir nacherzählen.
Der Kaspar Sachs hatte im Revier der
Grafen von Erbach, die hier die Herrschaft ausübten, einen Hirsch geschos-
sen. Für diesen Frevel wurde er zum
Tode durch den Strang verurteilt. Als er
nun auf einem Schemel unter dem Galgen stand und dabei noch seine Pfeife
rauchte, sagte er zum Henker: »Diese
Pfeife ist einen Gulden wert, den Tabak
habe ich frisch gestopft. Die kannst du
haben, wenn ich gleich ausgeschnauft
haben werde. Die kannst du weiterrau-
chen, ohne Feuer zu schlagen. Doch tu
mir nur einen Gefallen. Ich habe einen
großen Kropf, an dem ich kitzlig bin.
Leg mir also die Halsbinde über dem
Kropf an, daß ich nicht so lachen muß.«
Der Henker tat dem Kaspar Sachs diesen Gefallen und trat dann den Schemel
unter dessen Füßen weg. Der Strick
rutschte dem Kaspar übers Gesicht,
schlug ihm die Pfeife aus dem Mund
und drückte ihm die Nase blutig. Am
Galgen aber baumelte die leere Schlin-
ge, der Kaspar fiel auf die Füße, bückte
sich und steckte sich die Pfeife wieder
ins Gesicht. Der Richter sprach: »Wer
einen Hirsch schießt, der soll gehenkt
werden. So will es das Gesetz. Der Kas-

rer Radtour gibt es nur sanftes Gefälle
oder leichte Steigungen auf der Strecke.
Wer mit dem Zug ankommt, steigt am
Bahnhof des Beerfeldener Ortsteils **Hetzbach** aus, fährt die Bahnhofstraße nach
links, dann nach rechts, an der nächsten
Ecke wieder links in die Erbacher Straße
bis nach **Beerfelden**, wo schon Wegweiser die Richtung zum »Galgen« zeigen. Weil Beerfelden die »Stadt am Berge« genannt wird, geht es die Marktstraße hoch. Kräftig strampelnd erreichen wir nach 5 Kilometern den Parkplatz »Beerfelder Galgen«.
Wer mit dem Auto ankommt, fährt
gleich zum Parkplatz **Beerfelder
Galgen**. An dieser Stelle blicken wir
weit über Berge und Täler. Ob das man-

Schon seit über 100 Jahren zeigen die alten Wegweiser den Wanderern den richtigen Weg. Auch wir Radfahrer sind für die nützlichen Hinweise dankbar.

par Sachs ist gehenkt worden. Die Sache ist erledigt.« Mit schnellen Schritten verschwand dieser im nahen Wald...
Um ihr krankes Kind zu nähren, hatte eine Zigeunerin ein Huhn und zwei Laib Brot gestohlen. Diese Tat blieb nicht unentdeckt, und die Mutter wurde zum Tode verurteilt. Auf dem Weg von der Stadt den Galgenberg hinauf drängelten die Einwohner Beerfeldens, um das grausame Schauspiel nicht zu versäumen. Ihnen rief die Verurteilte zu: »Was eilt ihr denn so? Bevor ich nicht oben

bin, geht's doch nicht los.« Das war im Jahr 1804, und es war die letzte Hinrichtung am Beerfelder Galgen. Inzwischen hatte Napoleon den deutschen Fürsten Macht und Staatsgewalt genommen. Jetzt überqueren wir die Straße nach Airlenbach und fahren gegenüber beim Parkplatz am Galgen auf dem asphaltierten Feldweg gegen Süden. Der Weg biegt nach rechts, dann nach links, und nicht weit vom Wald zu unserer Rechten mit seinen Erhebungen Schindbuckel (473 Meter hoch) und Leichenbuckel geht es wieder nach Süden, bis wir auf die Straße stoßen, die rechts nach Rothenberg führt. Ein kleines Stück auf dem Weg neben der Straße sehen wir auf der anderen Seite am Waldrand einige Wege abgehen. Hier nehmen wir den Weg gleich rechts, grün gekennzeichnet durch ein Fahrrad und das Wegzeichen R 1, außerdem durch ein blaues Kreuz, dem wir den ganzen Weg nach Rothenberg folgen. Ein geschnitzter *Wegweiser* mit bunten Rittern und einige alte steinerne Wegweiser zeigen uns an Kreuzungen den rechten Weg. Auf dem befestigten Waldweg, auf dem wir hin und wieder anderen Radlern und Wanderern begegneten, geht es der Hirschhorner Höhe entlang nach Süden, nur sanfte Steigungen oder Neigungen hat der Weg. Links, nicht hoch über uns, ziehen die einzelnen Erhebungen des Höhenzuges an uns vorbei: 478 Meter im Beerfelder Stadtwald, 445 Meter der Freudenberg, 474 Meter auf der Hirschhorner Höhe, 425 Meter der Wiesenberg. Wenn sich der Wald lichtet, blicken wir weit über das Tal des Gammelsbaches auf die Berge der Sensbacher Höhe im Osten. Wir halten an und genießen diesen wunderbaren Ausblick.
Seit der Abfahrt vom Beerfelder Galgen sind wir 11 Kilometer gefahren, haben

den Wald verlassen und sind geradeaus nach Rothenberg gelangt. Wir verlassen die Landwehrstraße und biegen rechts in die Hauptstraße ein. Unter uns breitet sich der hübsche Ort aus, der erstmals 1353 urkundlich erwähnt wurde. Spitz ragt der Turm der Kirche empor. Vor ihr weist uns ein Schild nach Beerfelden, dem wir auf der Landstraße 3410 folgen, weil nicht viel Verkehr herrscht. Einzelne Motorräder und Autos überholen uns, vielleicht auch mal eine sportliche Radfahrerin. Kurvenreich und nur mit sehr sanften Steigungen und Neigungen bringt uns die Straße, die nicht weit von unserem Waldweg nach Rothenberg entlangläuft, an die Stelle, wo wir in den Wald hineingefahren sind. Jetzt halten wir uns nicht links, um zum Galgen zu gelangen, sondern fahren die zwei Kilometer auf der Straße weiter nach Beerfelden hinab und hinein. Auf der Hirschhorner Straße kommen wir zum Marktplatz mit seinen schönen Fachwerkhäusern. Weiter die Brunnengasse geradeaus auf der linken Seite ist der Zwölfröhrenbrunnen der Mümlingquelle. Von hier fließt die Mümling nach Norden, bis sie in Obernburg in den Main mündet. Auf unseren Odenwaldfahrten begegnen wir ihr immer wieder. Dieser Brunnen mit seinen Brunnenstöcken und Löwenhäuptern wurde nach dem großen Stadtbrand von 1810 angelegt. Vorher war hier ein Achtröhrenbrunnen, an dem die Beerfelder ihr Trinkwasser holten. Beerfelden wurde erstmals 1032 erwähnt und erhielt 1328 Stadtrechte. Das wichtigste Ereignis in der Stadt ist der mit einem Volksfest verbundenen »Beerfelder Pferde-, Fohlen- und Zuchtviehmarkt«, der jeweils am zweiten Juli-Wochenende stattfindet und Besucher von weither anlockt.

Von der Hirschhorner Höhe genießen wir den weiten Blick über die Täler. Wir schauen auf Rothenberg, einen schmucken Ort im Beerfelder Land.

Wer mit dem Zug gekommen ist, fährt jetzt weiter die Mümlingtalstraße hinab, links auf der Erbacher Straße nach Hetzbach zurück. Wer sein Auto am Parkplatz am Galgen geparkt hat, wendet und biegt nach wenigen Metern rechts in die Airlenbacher Straße ein und fährt bergan, um nach insgesamt 24 Kilometern an seinen Ausgangsort anzukommen.

Variante: Wer etwas länger auf seinem Fahrrad unterwegs sein will, biegt in *Rothenberg* nicht nach Beerfelden ein. Ein Stück weiter beginnt der Finkenbacher Weg, dem wir hinab ins Finkenbachtal folgen. Vor Finkenbach kommen wir auf die Straße, folgen ihr nach Finkenbach und Falkengesäß, biegen vor Airlenbach an der *Dicken Eiche* rechts nach Beerfelden ab. Dieser Baum vor dem Kriegsopfer-Denkmal ist 800 bis 1000 Jahre alt, hat einen Umfang von 8,60 Metern und ist 30 Meter hoch. Jetzt steigt die Straße etwas an und wir gelangen bald zum Beerfelder Galgen.

Informationen zur Tour

 Anfahrt

Mit dem Pkw: Von Norden oder Süden B 45
Mit der DB: Bahnhof Beerfelden-Hetzbach

 Ausgangsort

Parkplatz Beerfelder Galgen (Pkw) oder Bahnhof Beerfelden-Hetzbach (Zug)

Zielpunkt

Wie Ausgangsort

Fahrradverleih

• Beerfelder Reifen Service, Gerd Hofmann, Mümlingtalstraße 91, 64743 Beerfelden, Tel. 06068/26 66
• Profile, der Radladen, Werner Manschitz, Erbacher Straße 31, 64743 Beerfelden-Hetzbach, Tel. 06068/47 3 29

Kinderfreundliche Bewirtung

Gasthaus und Pension »Zum Schützenhof«, Viehmarktstraße 11, 64743 Beerfelden, Tel. 06068/23 26, täglich 12 – 14 Uhr, 18 – 21 Uhr, Di Ruhetag

Sehenswürdigkeiten

• Beerfelder Galgen, Airlenbacher Straße
• Zwölfröhrenbrunnen der Mümlingquelle, Brunnengasse, 64742 Beerfelden

Auskunft

• Städt. Verkehrsbüro, Metzkeil 1, 64743 Beerfelden, Tel. 06068/39 03 20
• Verkehrsverein 64757 Rothenberg, Tel. 06275/260

Geeignetes Kartenmaterial

• Wanderkarte Beerfeldener Land (1:25 000), Magistrat der Stadt Beerfelden
• Der Odenwaldkreis im Naturpark Bergstraße-Odenwald, Wander- und Radwanderwegkarte (1:50 000), Odenwaldkreis

16 Rund um Wald-Michelbach

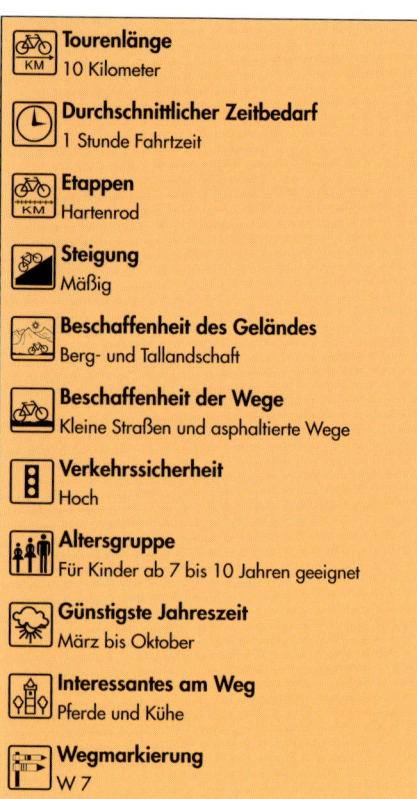

	Tourenlänge
	10 Kilometer
	Durchschnittlicher Zeitbedarf
	1 Stunde Fahrtzeit
	Etappen
	Hartenrod
	Steigung
	Mäßig
	Beschaffenheit des Geländes
	Berg- und Tallandschaft
	Beschaffenheit der Wege
	Kleine Straßen und asphaltierte Wege
	Verkehrssicherheit
	Hoch
	Altersgruppe
	Für Kinder ab 7 bis 10 Jahren geeignet
	Günstigste Jahreszeit
	März bis Oktober
	Interessantes am Weg
	Pferde und Kühe
	Wegmarkierung
	W 7

Eingebettet in die aufragenden Berge des Überwaldes, ist Wald-Michelbach ein Ort für Wanderer. Doch diesen schönen Ort, erstmals 1238 als »Michinbach« urkundlich erwähnt, und seine eindrucksvolle Umgebung mit dem Rad zu erfahren, ist eine kleine Anstrengung wert. Wir starten zu unserer kurzen Tour am ehemaligen Rathaus von 1594, dem schmucken Fachwerkbau, in dem heute das Überwälder Heimatmuseum untergebracht ist. Hier gibt es, wohl einmalig

Auf dem Rückweg nach Wald-Michelbach liegt unter uns das Tal des Gritzenbaches mit seinen Feldern und Weiden, umrahmt von den hohen Bergen des Überwaldes, wie dieser Teil des Odenwaldes heißt.

in der Welt, eine Kleiderbügelsammlung mit etwa 500 Exemplaren dieser nützlichen Dinger. Der Wald als Lebensgrundlage im Raum von Wald-Michelbach gab den Menschen schwere Arbeit und karges Einkommen. Die verschiedenen Berufe sind im Museum dokumentiert: Waldarbeiter, Köhler, Steinhauer, Imker, auch Sattler, Schuhmacher und Schneider. Der Erzbergbau war bis 1912 im Überwald von Bedeutung. Ihm ist eine Abteilung im Museum gewidmet. Der Stollen der ehemalige Manganerzgrube »Ludwig« im Ortsteil Wetzel kann besichtigt werden.

73

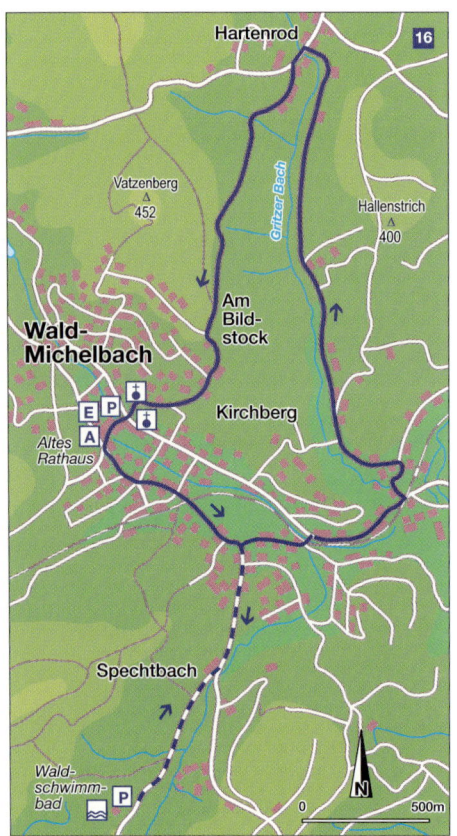

windet, hinter dem sich der 538 Meter hohe Meisenberg erhebt. Links blicken wir ins Gritzenbachtal. Auf den Weiden und Koppeln grasen Kühe und springen Pferde. Nach 6 Kilometern erreichen wir den Ortsteil Hartenrod. Links vor uns erhebt sich der *Hilsberg* mit seinen 483 Metern, rechts der *Salzberg,* der 452 Meter hoch ist. Die Wintersportler unter uns beschließen, im Winter wiederzukommen, dann heißt es hier »Ski und Rodel gut«.

Wir biegen links in die Ortsstraße ein, nochmals links in den Weg, der »Zum Weißkopf« heißt. Auf diesem Weg, gekennzeichnet als W 7, kommen wir wieder an Kühen und Pferden vorbei. Pferdezucht wird hier großgeschrieben, Wald-Michelbach hat ein Reiterzentrum, Reithallen und Reitplätze. Während sich links die Landschaft ins Tal neigt, um jenseits anzusteigen, erhebt sich rechts der *Vatzenberg* mit 452 Metern. Wir fahren an einem alten Bildstock vorbei und biegen bald danach am Ortsrand in die Kirchbergstraße ein. Zwischen katholischer und evangelischer Kirche treffen wir auf die Ludwigstraße, die wir überqueren, um »In die Gass« zu gelangen. 10 Kilometer sind wir gefahren und haben eine großartige Landschaft erlebt.

Wir fahren die kleine Straße, die »In der Gass« heißt, am alten Brunnen und den alten Häusern vorbei weiter, biegen am Platz vor dem neuen Rathaus links ein, kommen durch die Sauergasse, unterqueren die ehemalige Eisenbahn, halten uns links und kommen, wieder unter der Eisenbahn hindurch, auf die Ludwigstraße. Ein Stück weiter nach rechts fahren wir über die Brücke, überqueren vorsichtig die Straße und radeln links die Hartenroder Straße hinauf.

Rechts von uns liegt der Ortsteil Aschbach, durch den sich der *Ulfenbach*

Informationen zur Tour

Anfahrt

Mit dem Pkw: A 5 bis Weinheim, B 38 bis Birkenau oder Mörlenbach, von dort nach Wald-Michelbach.
Mit der DB: Bahnhof Mörlenbach

Ausgangsort

Parkplatz neben dem Überwälder Heimatmuseum

Zielpunkt
Wie Ausgangsort

Übernachtung unterwegs
Hotel Kreidacher Höhe, Kreidacher Höhe 1,
69483 Wald-Michelbach, Tel. 06207/26 38
(Radfahren – Fahrräder können besorgt
werden –, Reiten, Wandern, Tennis,
Schwimmen)

Kinderfreundliche Bewirtungen
• Restaurant »Zur Kreuzgass«, In der Gass 5,
69483 Wald-Michelbach, Tel. 06207/18 90,
Di 18 – 24 Uhr, Mi – So 11 – 14.30 Uhr,
18 – 24 Uhr, Mo Ruhetag
• Lipp's Bäcker Café, In der Gass, 69483
Wald-Michelbach, Tel. 06207/94 06 20,
Mo – Fr 7.30 – 18.30 Uhr, Sa 7.30 – 13 Uhr,
So 14 – 18 Uhr

Öffnungszeiten
• Überwälder Heimatmuseum, In der Gass 9,
69483 Wald-Michelbach, Tel. 06207/401,
1. Apr. – 31. Okt. Do 15 – 18 Uhr,
So 14 – 17 Uhr
• Manganerzgrube »Ludwig« im Ortsteil
Wetzel, Besuchertage und Führungen bitte er-
fragen, unter Tel. 06207/94 70
• Waldschwimmbad (beheizt), Spechtbach,
69483 Wald-Michelbach, ab 15. Mai oder
später – 15. Sept. und länger, je nach
Witterung, täglich 8 – 20 Uhr

Auskunft
• Verkehrsamt, In der Gass 17, 69483 Wald-
Michelbach, Tel. 06207/401
• Reiterzentrum, Tel. 06207/25 21

Geeignetes Kartenmaterial
• Faltplan Wald-Michelbach, Gemeindevor-
stand
• Wanderkarte Grasellenbach/Wald-
Michelbach (1:20 000), Gemeindevorstände
der Gemeinden

17 Von Grasellen-bach um den Spessartskopf zum Siegfried-brunnen

	Tourenlänge
	7,5 Kilometer

Durchschnittlicher Zeitbedarf
1 Stunde Fahrtzeit

Steigung
Zum Teil etwas stärker

Beschaffenheit des Geländes
Berg-, Wiesen- und Tallandschaft

Beschaffenheit der Wege
Asphalt- und zum Teil geschotterte Waldwege

Verkehrssicherheit
Hoch

Altersgruppe
Für Kinder ab 10 Jahren geeignet

Günstigste Jahreszeit
April bis Oktober

Interessantes am Weg
Spuren der Nibelungensage

Wegmarkierung
Verschiedene (siehe Text)

Tief in den dunklen Forst und tief in die
dunkle Welt der Mythen und Sagen
wollen wir uns heute begeben. Das Nibelungenlied oder die Siegfriedsage
packen wir zum Proviant. Am Parkplatz
neben der Nibelungenhalle des Kneipp-
Heilbades Grasellenbach besteigen wir
die Räder, fahren nach links, biegen links
in die Siegfriedstraße ein, »Am Hügel«,

Der Siegfriedbrunnen am Spessartskopf im Odenwälder Nibelungenland ist einer der Orte, an dem Hagen den jungen Siegfried erschlagen haben soll.

wie die nächste kleine Straße heißt, geht es aufwärts. Wir kommen, dem weißen Wegzeichen W 7, dem kleinen Wegweiser aus Holz »Zum Siegfriedbrunnen« und einem roten Kreuz folgend, durch Wiesen und Weiden zum Fuß des **Spessartskopfes**, der 548 Meter hoch ist. Die Anfahrt ist aber gemächlich, weil Graselenbach selbst schon auf einer Höhe von über 400 Metern liegt. Am Waldrand schauen wir auf den hübschen Ort hinab. Nun folgen wir nicht mehr dem roten Kreuz, das den Fußweg den Berg hinauf markiert. Am Waldrand fahren wir das Tal des Ulfenbaches entlang, der sich nach Wald-Michelbach windet. Auf einem breiten, befestigten Waldweg radeln wir bergauf; selten müssen wir absteigen und ein Stück des Weges schieben. Wenn wir auf den Weg treffen, der durch eine gelbe 6 im Kreis gekennzeichnet ist, folgen wir diesem Weg nach links. In Kurven erreichen wir nach 4 Kilometern eine Stelle am Abhang des Spessartskopfes, ab der uns ein Schild nach rechts hinauf weist zum **Siegfriedbrunnen**. Etwa 100 Meter geht's einen Fußpfad entlang, und wir stehen an der sagenhaften Stelle, an der Hagen den

jungen Siegfried erschlagen haben soll.
Mehrere Brunnen im Odenwald sollen der Ort des verhängnisvollen Mordes sein. So wie ein mächtiger Strom aus vielen Quellen und Flüssen sich speist, so ist auch das Epos des Nibelungenliedes aus dem Zusammenfluß von Mythos und Sage, von Geschichte und vielen Geschichten entstanden. Der Siegfriedbrunnen kann also nur die Stelle sein, die der unbekannte Dichter als den Ort der Handlung angenommen hat. Wie Heinrich Schliemann anhand von Homers *Ilias* Troja fand, so suchte der Geheime Staatsrat Dr. Knapp aus Darmstadt auf seinen Wanderungen durch den Odenwald, immer das *Nibelungenlied* mit sich tragend, die Quelle, an der Siegfried den Tod fand. Den Waschenwald der Dichtung erkannte er in den Wäldern der Weschnitz, im Volksmund auch Waschitz genannt, die zwischen Grasellenbach und Fürth bei Hammelbach entspringt. Mit dem »Spechtsharte« der Dichtung konnte nicht das weit entfernte Gebirge gemeint sein, wenn Siegfrieds Jagdgesellschaft im Odenwald weilte; nur der Spessartskopf konnte es sein. Der Staatsrat suchte hier eine Quelle – und fand sie neben einem alten Sühnekreuz zur Erinnerung an einen Mord, von dem der Volksmund erzählte, daß hier einst ein Ritter erschlagen worden sei – Siegfriedbrünnchen sei der Name der Quelle. Aufgrund dieser Indizien wurde 1851 diese Stelle als Siegfriedbrunnen gekennzeichnet und ein Steinkreuz errichtet, in das die Strophe 981 des Nibelungenliedes eingemeißelt wurde. Hier nun machen wir Rast, am Brunnen oder in der **Kriemhilden-Hütte** daneben. Wir packen unseren Proviant aus, speisen, trinken und lesen aus dem Nibelun-

genlied vor. Heidelbeeren und wilde Himbeeren wachsen um den Brunnen und am Weg. So ist, wenn die Früchte reif sind und uns niemand zuvorgekommen ist, für den Nachtisch gesorgt. Vom Siegfriedbrunnen nehmen wir den Weg, der rechts hinabführt, bleiben immer auf dem Hauptweg, der sich bald gabelt. Rechts führt der Weg nach Güttersbach, wir bleiben links. Wenn wir den Siegfriedbrunnen 1 Kilometer hinter uns gelassen haben, kommen wir an eine Kreuzung. Links an einem Baum weist uns ein hölzerner Wegweiser die Richtung links nach »Gras-Ellenbach«. Zwischen dem 493 Meter hohen Kirchberg zur Rechten und dem Wiesen- und Waldmoorgebiet der Striet links unten radeln wir auf das Nibelungendorf Grasellenbach zu, treffen auf die Güttersbacher Straße, die uns nach links wieder zur Nibelungenhalle bringt. 7,5 Kilometer haben wir zurückgelegt und waren dabei weit in Geschichte und Sage unterwegs.

Informationen zur Tour

Anfahrt
Mit dem Pkw: Auf der Siegfriedstraße, der B 460, bis »Wegscheide«, von Westen rechts, von Osten links nach Grasellenbach

Ausgangsort
Parkplatz Nibelungenhalle in Grasellenbach

Zielpunkt
Wie Ausgangsort

Übernachtung unterwegs
Ferien- und Kurhotel »Siegfriedbrunnen«, Hammelbacher Straße 7 – 11, 64689 Grasellenbach, Tel. 06207/60 80 (Fahrräder für Gäste, Ponyreiten für Kinder)

Kinderfreundliche Bewirtungen
• Burgunderstuben in der Nibelungenhalle, Am Kurpark 1, 64689 Grasellenbach, Tel. 06207/82 4 30, täglich 11 – 14 Uhr, 17 – 24 Uhr, Di Ruhetag
• Odenwaldstuben, Güttersbacher Straße 38, 64689 Grasellenbach, Tel. 06207/25 91, täglich 11 – 14 Uhr, 17 – 21 Uhr, Do ab 14 Uhr Ruhetag

Sehenswürdigkeiten
Grasellenbacher Heimatbühne, Kartenvorverkauf über das Verkehrsbüro Grasellenbach, Tel. 06007/25 54 und 29 39

Auskunft
Kneipp-Kur- und Verkehrsverein, 64689 Grasellenbach, Nibelungenhalle, Tel. 06207/25 54

Geeignetes Kartenmaterial
• Bergstraße – Odenwald, Nordost (1:50 000), Hessisches Landesvermessungsamt
• Wanderkarte Grasellenbach/ Wald-Michelbach (1:20 000), Gemeindevorstände der Gemeinden

18 Vom Him-bächel-Viadukt rund um den Marbachsee

Tourenlänge
6 Kilometer (Variante 9 Kilometer)

Durchschnittlicher Zeitbedarf
30 Minuten (Variante 1 Stunde)

Steigung
Kaum

Beschaffenheit des Geländes
Talgrund

Beschaffenheit der Wege
Asphalt- und feste Wanderwege, Straßen

Verkehrssicherheit
Hoch, Vorsicht auf den Straßen

Altersgruppe
Für Kinder ab 7 Jahren geeignet

Günstigste Jahreszeit
Sommer

Besondere Ausrüstung
Badesachen, Schlauchboot, Surfbretter

Interessantes am Weg
Vogelschutzbereich

Wegmarkierung
Keine

Das 19. Jahrhundert war das Jahr-hundert der Romantik, der Revoluti-on und der Industrialisierung, somit auch der Eisenbahn. Um von Frankfurt am Main über Darmstadt nach Eber-bach am Neckar und weiter nach Stutt-gart mit dem Zug fahren zu können, mußte der Odenwald durchquert wer-den, der damit auch dem Fortschritt er-schlossen wurde. Aber wie wir von un-seren Radtouren wissen, ist der Oden-wald ein Gebirge mit Höhen und Tälern, die überwunden und durchquert werden müssen. Bei dem Dörfchen Mar-bach südlich von Erbach fließt ein klei-ner Bach, das Himbächel, zwischen dem Ebersberger Kopf und dem Knos-berg zur Mümling hin. Um das tiefe Tal zu überwinden, mußte das Himbächel-Viadukt errichtet werden.

Von Mai 1880 bis November 1881 wurden die zehn Halbkreisgewölbe (Tonnengewölbe) von je 20 Meter Durchmesser in 40 Meter Höhe gebaut. Als Baumaterial verwendete man Bunt-sandstein, der hier im Odenwald leicht gebrochen werden konnte. In einer Län-ge von 250 Metern überspannt das Via-dukt das Tal. Doch im Südosten von Hetzbach erhebt sich 555 Meter hoch der Krähberg – unüberwindlich für den Schienenstrang. Von beiden Seiten des Berges wurde ein Tunnel durch das Ge-stein getrieben, am 1. April 1882 war Deutschlands längster eingleisiger Tun-nel, der Krähberg-Tunnel mit seinen 3 100 Metern Länge, vollendet. Unterhalb des Himbächel-Viadukts, ne-ben der Straße nach Hetzbach, die hier von der B 45 nach links abzweigt, liegt ein großer Parkplatz. Hier besteigen wir die Räder, fahren zur B 45 zurück, nähern uns vorsichtig der Abzweigung. Rechts geht es nach Erbach, links zum Marbachsee auf der Siegfriedstraße, der B 460. Nach 1,5 Kilometern haben wir die Staumauer errreicht. Links vor uns liegt das Hochwasser-Rückhalte-becken Marbach, wie der Marbachsee offiziell heißt. So ist auch der Zweck dieses Stausees erklärt, dessen Anlage genauso dem Freizeitvergnügen und der Erholung dient. Von 1978 bis 1982 wurde die Talsperre errichtet. Der Stau-

Der Vogelschutzbereich des Marbachsees, der allein den Wasservögeln und den Singvögeln am Ufer gehört. Der östliche Teil des Sees dient den Freuden des Badens, Surfens und Bootfahrens.

damm ist in der Talsohle 80 Meter, an der Krone 150 Meter lang; die Breite der Talsohle beträgt 80, die Breite der Krone neun Meter. Der Dauerstauinhalt umfaßt 709 000 Kubikmeter, der Gesamtstauinhalt 3 100 000 Kubikmeter Wasser.

Wir radeln über die Staumauer, am Betriebsgebäude mit WC vorbei, links liegt der »Diamond«-Biergarten, rechts der See. Hier im östlichen Teil des Sees befindet sich der Surf- und Segelbereich (bis 3, 5 Quadratmeter), der auch mit Schlauchbooten befahren werden kann. Der mittlere Teil des Sees, der nach der Rettungsstation mit den WC-Anlagen beginnt, ist der Badebereich. Zum Wald hin zieht sich die große Liegewiese. Der westliche Teil des Marbachsees gehört den Vögeln, hier befindet sich der Vo-

gelschutzbereich. Auf dem Wasser und im Gebüsch des Ufers leben zahlreiche Arten von Wasser- und Singvägeln, die wir beobachten und belauschen. Rechts über die Brücke kommen wir zum Weg, der neben der B 460 am See entlang läuft. Es ist eigenlich ein Fußgängerweg, den aber kleinere Kinder getrost befahren können, wenn sie Rücksicht auf die Spaziergänger nehmen und ihnen »Vorfahrt« geben. Die Straße bringt uns zurück zum Parkplatz unter dem Himbächel-Viadukt.

Variante: Wir parken gegenüber dem Marbachsee auf dem Platz an der Staumauer direkt neben der B 460. Unsere Radtour führt uns im Süden den See entlang, nach der Brücke verlassen wir den Marbachsee, biegen nach links Richtung Hüttenthal, fahren im Ort die Straße

79

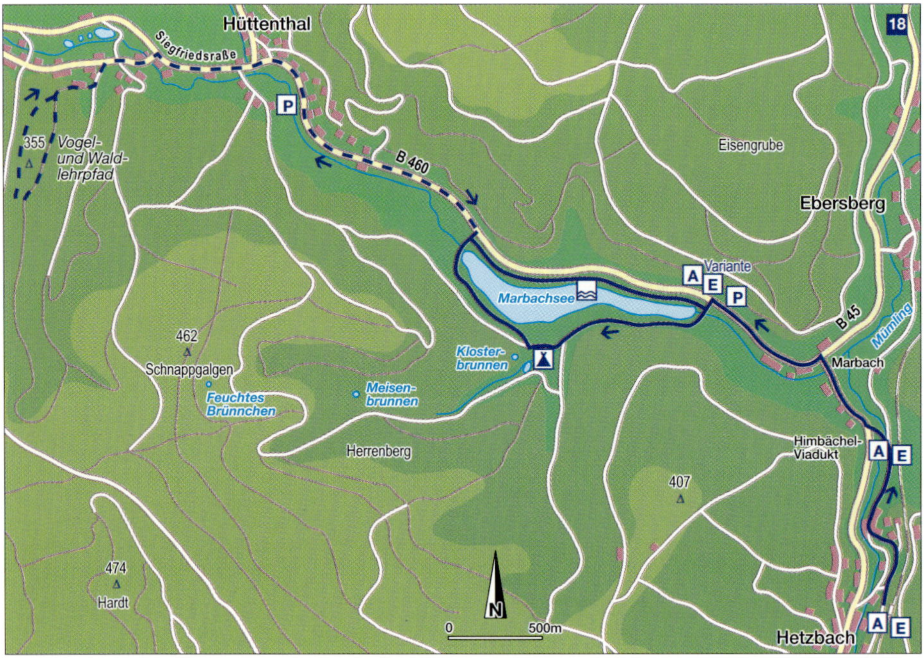

nach links Richtung Güttersbach und erreichen nach 2,5 Kilometern den **Vogel-
und Waldlehrpfad**, der links zum Wald hoch führt. Ein großes, hölzernes, etwas verwittertes Schild weist uns den Weg. Ein Stück radeln wir, dann parken wir die Räder und gehen mit Augen und Ohren auf die Pirsch. Zurück am See, können wir die Badesachen, das Schlauchboot und die Surfbretter entladen.

Informationen zur Tour

Ⓐ Anfahrt

Mit dem Pkw: Auf der B 45 bis Himbächel-Viadukt (Variante: B 460 bis Parkplatz gegenüber Marbachsee)
Mit der DB: Bis Bahnhof Beerfelden-Hetzbach

🚲 Ausgangsort

Himbächel-Viadukt oder Bahnhof Beerfelden-Hetzbach, 1 Kilometer südlich des Viadukts

🚲 Zielpunkt

Wie Ausgangsort

👪 Kinderfreundliche Bewirtung

Biergarten »Diamond« neben der Staumauer am Marbachsee, geöffnet bei schönem Wetter täglich ab 13 Uhr, sonntags ab 10 Uhr

📖 Geeignetes Kartenmaterial

• Wanderkarte Beerfeldener Land (1:25 000), Stadt Beerfelden
• Der Odenwaldkreis, Wander- und Radwanderkarte (1:50 000), Odenwaldkreis
• Bergstraße – Odenwald Nordost (1:50 000), Hessisches Landesvermessungsamt

19 Von Erbach ins Mossautal

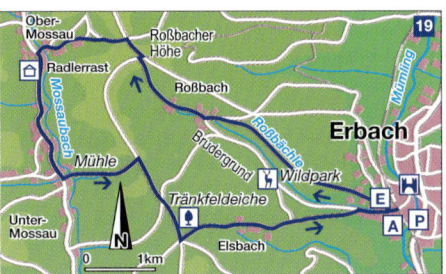

Tourenlänge
15,5 Kilometer

Durchschnittlicher Zeitbedarf
1,5 bis 2 Stunden Fahrtzeit

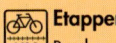
Etappen
Brudergrund, Roßbach, Mossautal, Elsbach

Steigung
Mäßig, nur vom Mossautal hoch stark

Beschaffenheit des Geländes
Berg- und Tallandschaft mit Wiesen und Wäldern

Beschaffenheit der Wege
Asphaltwege, kleine Straßen, Waldwege, zum Teil geschottert

Verkehrssicherheit
Hoch

Altersgruppe
Für Kinder ab 10 Jahren geeignet
(zum Brudergrund und zurück: ab 7 Jahren)

Günstigste Jahreszeit
April bis Oktober

Interessantes am Weg
Viele Tiere: Rotwild, Pferde

Wegmarkierung
Verschiedene (siehe Text)

In **Erbach**, der »Elfenbeinstadt«, zeigt ein Junge – auf einem bunten Holzschild – seinem Vater, wo es langgeht: »Vatter – do!« Wir starten zu unserer Tour am Bahnhofsplatz. Wer mit dem Auto gekommen ist, parkt links auf dem Platz neben der Alfred-Kehrer-Straße. Auf dieser Straße überqueren wir die Bahngleise und biegen nach rechts in den Brudergrundweg ein. Auf diesem

Weg, asphaltiert und später ein fester Waldweg, sehen wir links unter uns das *Roßbächle*, das nach Erbach fließt, um sich in die Mümling zu ergießen. Die Reste der alten Kapelle »Not Gottes« liegen hier im Brudergrund, der seinen Namen von den frommen Brüdern hat. Auf zwei Teichen, zu denen sich der Bach hier verbreitert, schwimmen allerlei Wasservögel. Durch einen Zaun geschützt, der an dieser Stelle bis an unseren Weg heranreicht, erstreckt sich der **Wildpark Brudergrund** längs des Baches. Das Rotwild kommt gern zu dieser Stelle und läßt sich füttern. Wir nehmen nur das Futter, das in einem Behälter liegt und bezahlen jede Tüte. Jetzt haben wir 1,5 Kilometer zurückgelegt, besteigen wieder unsere Räder und folgen dem weißen E 1 den Brudergrund hinauf. Sanft steigt der Weg an. Nach 2 Kilometern kommen wir aus dem Wald heraus und fahren nach **Roßbach** hinunter. Rechts liegt die nördliche und von der Sonne beschienene Hälfte des Dorfes, die »Sommerseite«; die andere heißt »Winterseite«. Wir folgen nun der gelben 5 auf einer schmalen verkehrsarmen Straße zwischen Sommer und Winter nach rechts, kommen an einem Gestüt vorbei, auf die **Roßbacher Höhe**, von wo wir einen wunderbaren Rundblick haben. Wir überqueren den Wanderweg, der unseren kreuzt, fahren geradeaus und

Die lustigen bunten Wegweiser in Erbach zeigen nicht nur die Richtung zu den Sehenswürdigkeiten der Stadt, sondern auch, daß die Eltern auf ihre Kinder hören sollen.

Heute ist nur das große Mühlrad in Betrieb, wenn die Familie für den eigenen Bedarf mahlt. Aber das Mühlrad soll restauriert werden und vielleicht auch der Stromgewinnung dienen. Wir lauschen den Erzählungen des »Tal-Ihrig«, wie er zur Unterscheidung vom »Berg-Ihrig« genannt wird. Wir sagen ihm, daß wir nach Elsbach wollen. So erklärt er uns den Weg dorthin und empfiehlt den Kochkäse und die Hausmacherwurst im Gasthaus von Elsbach.

Nachdem wir nun 8,5 Kilometer zurückgelegt haben, verlassen wir die Straße und fahren den Weg an der Mühle vorbei bergauf. Am Wald angekommen, geht es am Waldrand der Höhe entlang nach rechts, der gelben 2 und der weißen 3 folgend. Wir halten Ausschau nach der berühmten **Tränkfeldeiche**, von der uns der alte Ihrig erzählt hat. Nachdem wir die Straße, die links nach Erbach führt, überquert haben und wieder im Wald radeln, erhebt sich links am Weg weit in den Himmel hinein der mächtige Eichbaum, ein Naturdenkmal, das uns staunen läßt. Wir lassen den Wald hinter uns, kommen zum Elsbächer Weg, eine kleine Asphaltstraße, die uns bergab nach Elsbach bringt, wo wir nach 13 Kilometern uns, einem guten Rat folgend, im Gasthaus »Zur Erholung« bei Kochkäse und deftiger Wurst erholen. Dann geht es geradeaus weiter; wenn die Straße links zum Brudergrund und nach Roßbach abbiegt, fahren wir den Waldweg geradeaus, folgen der weißen Raute, die uns bergab auf den Alten Elsbacher Weg zurück direkt zu unserem Startpunkt bringt, wo wir nach 15,5 Kilometern wieder ankommen.

Ein Stadtbummel durch **Erbach** schließt sich an. Die Bahnhofstraße hinunter bringt uns durch Fachwerkhäuser rechts

biegen an der schmalen Straße, auf der uns kaum ein Fahrzeug begegnet, nach links ins **Mossautal** hinunter. Der Mossaubach fließt nach Süden zum Marbach, der am Ende des Tals zum *Marbachsee* gestaut ist; auf unserer Tour 18 haben wir den See umrundet.

In **Ober-Mossau** stoßen wir auf die Straße, die uns links nach Süden führt. An der Ecke liegt die *Privat-Brauerei Schmucker*, wo eigens für uns Radfahrer eine »Radlerrast« eingerichtet ist. Dann geht's weiter, Richtung Unter-Mossau. Rechts führt die Ihrigstraße den Berg hinauf, links am Weg liegt ein hübsches Fachwerkhaus mit Mühlwerk. Hier treffen wir den alten Adam Ihrig, der uns erzählt, daß zu seines Großvaters Zeiten die Ihrigmühle eine Papiermühle gewesen war, später eine Getreidemühle.

und links zum Marktplatz, wo sich das Schloß des Grafen zu Erbach-Erbach erhebt. Im Schloß sind die gräflichen Sammlungen und das *Afrikanische Jagdmuseum* zu besichtigen. Im Schloßhof erhebt sich der mächtige Bergfried aus der Zeit um 1200 mit dem Turmhelm von 1497. Am Marktplatz stehen auch das Alte Rathaus, das heute die Stadtbücherei beherbergt, die alte Stadtkirche, der Marstall, in dem heute das Café Schloßmühle einlädt, und die Orangerie mit dem Lustgarten, einem wieder hergestellten barocken Garten. Am Schloßgraben erleben wir im Handwerkerhof Kunsthandwerk und Handwerkskunst, sehen auch, wie geschickte Hände aus Elfenbein Schmuck, zarte Blumen und Figuren schnitzen. Das Elfenbein kommt heute wegen des Artenschutzes nicht mehr aus Afrika; sibirische Mammuts, vor Tausenden von Jahren im Eis begraben, sind die Lieferanten. Das Deutsche Elfenbeinmuseum liegt außerhalb der Altstadt, dem »Städtel«, in der Otto-Glenz-Straße; auch hier gibt es Elfenbein-Schnitzvorführungen. In der Nähe versickert der Erbach in der Erde, dem die Stadt ihren Namen verdankt.

Informationen zur Tour

**Anfahrt**

Mit dem Pkw: B 45 bis Erbach, dort Richtung Bahnhof
Mit der DB: Bahnhof Erbach

**Ausgangsort**

Bahnhofsplatz Erbach

**Zielpunkt**

Wie Ausgangsort

Übernachtung unterwegs

• Brauerei-Gasthof Schmucker, 64756 Mossautal, Ober-Mossau, Tel. 06061/94 1 10, Radlerrast mit Selbstbedienung (nach Anmeldung und für Hausgäste: Brauerei-Besichtigung), Fahrradverleih im Hotel
• Ferien auf dem Gutshof, Familie Allmenröder, Roßbacher Hof 35, 64711 Erbach, Tel. 06062/91 23 47 (Pony-Reiten, Spielplatz)

Kinderfreundliche Bewirtungen

• Gasthaus »Zur Erholung«, Bernd Keßler, Am Holzfeld 2, 64711 Elsbach, Tel. 06062/34 70 Mo, Di, Do – Sa 11.30 – 23 Uhr, So ab 10 Uhr, Mi Ruhetag (Hausmacherwurst, Kochkäse)
• Café Schloßmühle, Marktplatz 6, 64711 Erbach, Tel. 06062/74 22, täglich 6 – 19 Uhr, So 9 – 19 Uhr, Mo Ruhetag

Öffnungszeiten

• Gräfl. Sammlungen im Erbacher Schloß mit Afrikanischem Jagdmuseum, Tel. 06062/ 37 00, 1. März – 31. Okt. täglich 8.30 – 12, 13.30 – 17 Uhr, Mo Ruhetag
• Deutsches Elfenbeinmuseum, Otto-Glenz-Straße 1, 64711 Erbach, Tel. 06062/31 85, täglich 10 – 12.30 Uhr, 13.30 – 17 Uhr
• In der letzten vollen Juliwoche jeden Jahres wird der Erbacher Wiesenmarkt gefeiert, das größte Odenwälder Volksfest

Auskunft

• Verkehrsverein Erbach, im historischen Rathaus, Marktplatz 1, 64711 Erbach, Tel. 06062/64 39, 64 44
• Werbering Mossautal, Ortsstraße 124, 64756 Mossautal, Tel. 06062/30 47

Geeignetes Kartenmaterial

• Wanderkarte Mittlerer Odenwaldkreis (1:25 000), Stadt Michelstadt
• Der Odenwaldkreis, Wander- und Radwanderkarte (1:50 000), Odenwaldkreis

20 Zur Wild- schweinfütte- rung und zum Römerkastell Würzberg

Tourenlänge
12 Kilometer (Varianten 7, 16 oder 19 Kilometer)

Durchschnittlicher Zeitbedarf
1 bis 1,5 Stunden (Varianten entsprechend kürzer oder länger)

Etappen
Breitenbuch

Steigung
Sehr mäßig

Beschaffenheit des Geländes
Wald und Wiese in Höhenlage

Beschaffenheit der Wege
Asphaltwege und Straßen, befestigte Waldwege

Verkehrssicherheit
Hoch

Altersgruppe
Für Kinder ab 7 Jahren geeignet

Günstigste Jahreszeit
April bis Oktober

Interessantes am Weg
Römische Ruinen, Bäume und viele Tiere

Wegmarkierung
Verschiedene (siehe Text)

wir von Westen kommen und die B 45 bei Beerfelden-Hetzbach verlassen haben, fahren wir durch den Ortsteil Schöllenbach der Gemeinde Hesseneck; bei der alten *Quellkirche* von 1645 biegt die Straße nach links ab, um in einer großen Serpentine uns zum Ortsteil Hesselbach zu bringen. Nun befinden wir uns schon auf einer Höhe von 475 Metern über dem Meer. Wir erreichen den 3,5 Kilometer nördlich gelegenen Parkplatz auf einer Höhe von 507 Metern.

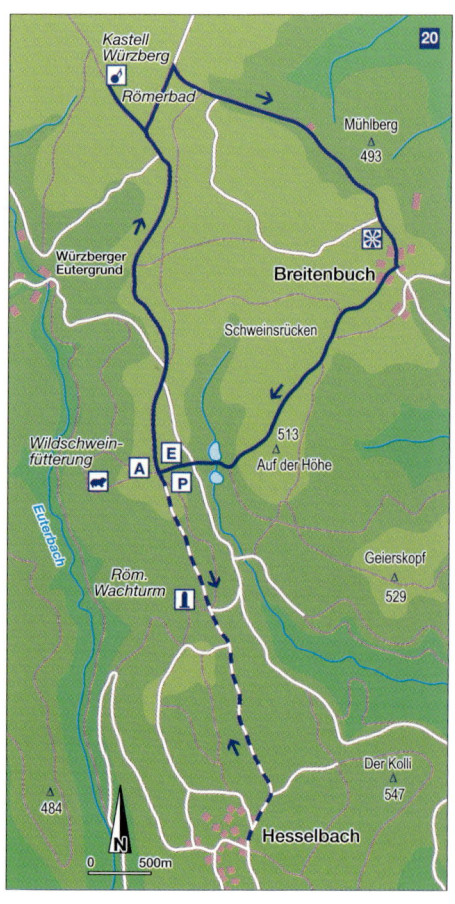

Schon die Autofahrt auf der Siegfried-straße zur bewaldeten Hochfläche hinauf ist ein Erlebnis. Auf kurvenreicher Strecke geht es durch tiefe Wälder, die manchmal den Blick ins Tal oder auf die Berge ringsherum freigeben. Wenn

Die kleinen und die großen Wildschweine warten schon auf ihre kleinen und großen Gäste, die zur Begrüßung die Futtertüten mit dem schmackhaften Mais öffnen.

Jetzt steigen wir auf die Fahrräder um. Gegenüber vom Parkplatz führt ein Weg zum 300 Meter weit im Wald gelegenen Eingang zur Schwarzwildfütterung. Wir dürfen die Räder mit hinein in die Anlage nehmen. An der Kasse kaufen wir Mais in Tüten. Nicht aus Geiz behalten wir unseren Proviant für uns; wir wollen nicht, daß die Tiere sich den Magen an unseren Wurst- und Käsebroten verderben und krank werden. Da kommen sie auch schon angerannt, die großen und kleinen Wildschweine. Die Kleinen, die Frischlinge, tragen noch die lustigen Längsstreifen im Fell. Laut grunzend und quiekend verlangen sie, daß wir die Futtertüte öffnen. Nachdem wir ausgiebig die urigen Borstentieren beobachtet haben, verlassen wir die Fütterung, die früher »Säupark« genannt wurde.

Nach der Schwarzwildfütterung halten wir uns links und fahren die schmale Asphaltstraße, die ehemalige Römerstraße, nach Norden. Rechts von uns im Wald verlief der Grenzwall, der Limes, der das Römische Reich vor den Angriffen der Germanen aus dem Osten schützen sollte. Der Odenwald-Limes erstreckte sich von Neckarburken im Süden über Hesselbach, Würzberg und Vielbrunn, bis er in Wörth auf den Main stieß. Diese Grenzbefestigung mit Wachtürmen und Kastellen wurde zwischen 100 und 155 n. Chr. errichtet. Auf anderen Radtouren, 21 und 25, treffen wir wieder auf den Odenwald-Limes. Die Römer gaben später diese Grenze auf und verlegten sie nach Osten. Bei Walldürn, Tour 12, sind wir auf diesem östlichen Limes geradelt, der sich von Osterburken im Süden bis Miltenberg am Main erstreckte.

Im alten Römerbad brauchen wir unsere Badesachen nicht auszupacken. Das letzte Mal
herrschte hier vor 1800 Jahren Badebetrieb.

Nach etwa 4,5 Kilometern verlassen wir
die Straße, die nach rechts weist, und
fahren den Waldweg geradeaus und
sind schon am **Römerbad**, einem Bade-
haus (Balineum) aus der Zeit um 100 n.
Chr. Die Anlage ist rekonstruiert, eine
Tafel erklärt uns, wie das Wasser erhitzt
wurde, wo die Schwitzräume und das
Kaltbad waren.
Auf den alten Bänken lassen wir uns
nieder und stellen uns vor, wir wären
alte Römer. Einige Schritte hinter dem
Römerbad, auf einem Fußpfad zu erreichen, ist das **Kastell Würzberg** in seinem Grundriß als Erhebung in der Lichtung zu sehen, etwa 70 mal 80 Meter
umfaßte die kleine Festung, die um 100
n. Chr. für eine Besatzung von 150
Mann erbaut wurde. Teile dieses Kastells
sind in den Englischen Garten in Eulbach gebracht worden und dort zu einem Römischen Tor aufgebaut (siehe
Tour 21).

Nach dem Besuch unserer römischen
Vergangenheit fahren wir zurück auf
die schmale Straße, der wir nach links
folgen. An der Kreuzung – geradeaus
liegt Würzberg im Norden – kurven wir
nach rechts und erreichen, nachdem
wir am Waldrand rechts einen Rastplatz mit kleinem Römer-Spielplatz und
einem Bildstock passiert haben, **Breitenbuch**. In diesem kleinen Flecken biegen
wir nach rechts, folgen der kleinen
Straße, dann geht's an einer alten,
mächtigen Buche vorbei. Leicht ansteigend kommen wir an eine Weggabelung; der weiße waagerechte Balken als
Wegzeichen weist uns nach rechts in
den Wald. Auf diesem Weg erreichen
wir ein Gatter. Sollte es verschlossen
sein, bleibt uns nichts anderes übrig, als
die Räder auf die Schulter zu nehmen
und so über die hölzerne Steige daneben über den Zaun zu kommen. Jetzt
fahren wir langsam und leise weiter,
vielleicht stehen Rehe am Rand und
beäugen uns, um dann leise und langsam in das Gehölz zu stolzieren. Unser
Weg führt uns geradeaus, links und
rechts erstreckt sich ein Teich. Diese Gewässer wurden von den Amorbacher
Benediktinern als **Fischteiche** angelegt.
Wir sehen Fische und hören Kröten
quaken und haben gleich danach den
Parkplatz gegenüber der Schwarzwildfütterung nach insgesamt 12 Kilometern
erreicht.
Variante: Wir parken den Pkw in **Hesselbach**, vielleicht gegenüber dem Gasthaus und der Pension »Drei Lilien« in
der Dorfmitte, und fahren bis zur Kreuzung, biegen links ein, wo uns dann ein
Schild mit dem Bild eines Wildschweins
nach rechts die Römerstraße zur Wildfütterung weist. Nach 3,5 Kilometern
auf der kleinen Straße mit nur sanfter
Steigung erreichen wir den »Säupark«.

Neben der Asphaltstraße läuft ein Schotterstreifen, auf dem wir auch radeln können. Mit kleinen oder nicht ausdauernden Radlern können wir nach dem Besuch der Wildfütterung oder des Römerbades und des Kastells auf dem gleichen Weg zurück zum Ausgangsort radeln.

Informationen zur Tour

Anfahrt
Mit dem Pkw: Von Westen, Süden und Norden von der B 45, Abfahrt Hetzbach, von Osten von Amorbach über Kirchzell bis Hesselbach.

Ausgangsort
Schwarzwildfütterung Hesselbach/Würzberg (Variante: Hesselbach)

Zielpunkt
Wie Ausgangsort

Kinderfreundliche Bewirtung
Gasthaus und Pension »Drei Lilien«, 64754 Hesseneck-Hesselbach, Hauptstraße 20, Tel. 06276/219, täglich 12 – 14 Uhr, 17 – 20 Uhr

Öffnungszeiten
Schwarzwildfütterung, Tel. 09373/97 15 40 (Fürstl. Leining. Forstverwaltung, Schloßplatz 1, 63916 Amorbach), 15. März – 15. Nov. täglich 13 – 17 Uhr

Auskunft
Gemeindeverwaltung, 64754 Hesseneck, Tel. 06276/276

Geeignetes Kartenmaterial
• Der Odenwaldkreis im Naturpark Bergstraße – Odenwald (1:50 000), Landkreis
• Naturpark Bergstraße – Odenwald Nordost (1:50 000), Hessisches Landesvermessungsamt

21 Von Michelstadt zum Englischen Garten Eulbach

 **Tourenlänge**
15,5 Kilometer

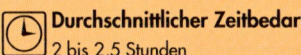 **Durchschnittlicher Zeitbedarf**
2 bis 2,5 Stunden

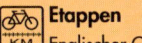 **Etappen**
Englischer Garten Eulbach

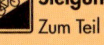 **Steigung**
Zum Teil stark bis steil

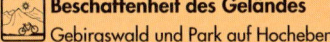 **Beschaffenheit des Geländes**
Gebirgswald und Park auf Hochebene

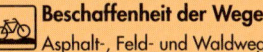 **Beschaffenheit der Wege**
Asphalt-, Feld- und Waldwege

Verkehrssicherheit
Hoch, aber Vorsicht auf 3 Straßenkilometern

Altersgruppe
Für Kinder ab 10 bis 12 Jahren geeignet

Günstigste Jahreszeit
April bis Oktober

Interessantes am Weg
Natur, Kultur und Geschichte in Fülle und Vielfalt

Wegmarkierung
Verschiedene (siehe Text)

Vom Bahnhof fahren wir, ob mit dem Zug angekommen oder das Auto hier parkend, die Bahnhofstraße von **Michelstadt** entlang, bis wir am Rand der Altstadt in die Große Gasse rechts einbiegen. Die wenigen Meter zum Marktplatz schieben wir die Räder durch die Fußgängerzone. Gleich links sehen wir das berühmte **Rathaus** von 1484, in dessen offener Halle im Erdge-

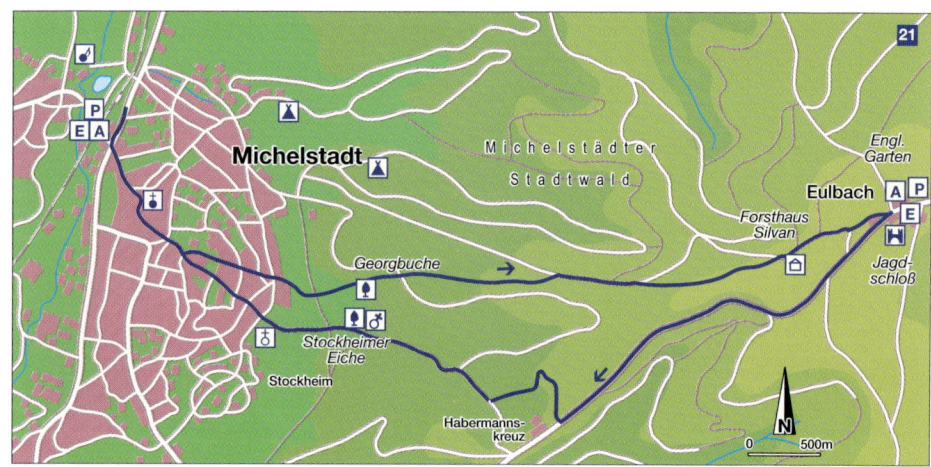

schoß einst das Zehntgericht tagte. Dahinter ragt die Stadtkirche auf, erbaut 1461 bis 1537. Um den Marktplatz mit seinem Marktbrunnen von 1575 gruppiert sich ein Ensemble historischer Bauten. Eine Gasse weiter steht die **Michelstädter Burg**, einst ein fränkischer Meierhof, der durch Schenkung 815 in den Besitz von Einhard, Schreiber und Minister Karls des Großen, gelangte. Das Kloster Lorsch erbte den Hof, ließ ihn zum »Castellum Michlinstat« ausbauen. Heute befinden sich hier das Odenwald-Museum und das Spielzeugmuseum. Vom Marktplatz verlassen wir die Altstadt und Michelstadt, »das Herz des Odenwaldes«, um zu einer Tour aufzubrechen, die einiges an Kraft und Ausdauer kostet, nur für geübte Radler und robuste Räder geeignet ist. Gilt es doch, den Höhenunterschied von Michelstadt, 280 Meter über dem Meer, zu Eulbach, 516 Meter hoch gelegen, auf einer Strecke von 7 Kilometern zu bezwingen. Mit Lust und Laune wird es uns gelingen, auch wenn wir unterwegs von Wanderern mitleidig belächelt werden. An mancher Stelle hilft auch die beste Gangschaltung nichts, zweimal behindern uns Stolpersteine und Holperwurzelwerk. Dann tröstet uns das Sprichwort: »Wer sein Rad liebt, der schiebt.« Zunächst fahren wir die Braunstraße entlang, die sich zur Friedhofstraße verlängert; in dieser weist uns ein kleiner Holzwegweiser links den Wingertsweg hinauf Richtung »Eulbach«, zusätzlich dient ein gelbes Dreieck unserer Orientierung. Und weil die Gerade die kürzeste Verbindung zweier Punkte ist, so ist dieser Weg der kürzeste von Michelstadt nach Eulbach. Immer geradeaus geht es in den Wald hinein, und immer bergan. Kräftig treten wir in die Pedale, dann schieben wir wieder eine kleine Strecke. Die erste Rast legen wir unter der riesigen **Georgsbuche** ein, die an einer Kreuzung rechts unseres Weges in den Wald ragt.

Wenn wir insgesamt 5 Kilometer zurückgelegt haben, ist das anstrengendste Stück des Weges bewältigt. Für unsere Mühe sind wir durch tiefen Tann und den Anblick manch seltener Pflanze

Im Englischen Garten Eulach blühen die Seerosen im Teich, auf der kleinen Insel erhebt sich die Kapelle im gotischen Stil - die menschliche Phantasie hat hier ein Paradies erschaffen.

belohnt worden. Den Fingerhut, eine geschützte Blume, bewundern wir ohne ihn zu berühren. Wir sind jetzt auf einer Höhe von 500 Metern und stolz darauf. Ab dem Forsthaus Silvan, rechts von uns, heißt der Wingertsweg nun »Forstrat-Louis-Weg«, an ihm wächst rechts die mächtige »Graf-Arthur-Fichte«, links die »Graf-Georg-Albrecht-Fichte«. Jetzt stoßen wir auf die Straße, die von Michelstadt nach Vielbrunn hinaufführt, auf ihr radeln wir einige Meter weiter und sind nach insgesamt 7 Kilometern am Ziel unserer beschwerlichen Auffahrt. Der **Englische Garten Eulbach** ist erreicht. Rechts zeigt sich das **Jagdschloß Eulbach**, erbaut 1771, erweitert 1790 und 1843, Wohnsitz des Grafen zu Erbach-Erbach. Sein Zuhause bleibt

uns verschlossen, aber seinen Englischen Garten hat er für Besucher geöffnet. Graf Franz I. (1754 – 1823), der letzte reichsunmittelbare Regent der Grafschaft Erbach, ließ sich das Jagdschloß erbauen und von dem berühmten Gartenkünstler Ludwig von Sckell, Schöpfer des Englischen Gartens in München, den Park nach der damaligen englischen Mode gestalten. Natur und menschliche Schöpfung vereinen sich zu einem landschaftlichen Kunstwerk. Vom nicht weit entfernten Kastell Würzberg, dessen überwachsene Grundmauern wir bei Tour 20 gesehen haben, ließ der Graf Steine holen und zu einem Obelisken aufrichten; das Kastelltor im Garten stammt ebenfalls aus Würzberg, andere römische Reste aus dem Odenwald wur-

89

den hierher transportiert. In der Eber-
hardsburg-Ruine, dem romantischen
Empfinden von damals folgend als Ruine errichtet, wurden Steine von Burgen
und Kapellen des Erbacher Landes verarbeitet. An einem der beiden Teiche
steht die Inselkapelle in gotischem Stil,
die auch heute noch kirchlichen
Zwecken dient. In den **Wildgehegen** des
Englischen Gartens beobachten wir Rotwild, Damwild, Sikawild aus Ostasien,
Muffelwild, Schwarzwild und Wisente.
An den vielen Bäumen aus aller Welt,
die hier vorzüglich gedeihen, können
wir auf den Informationstafeln ablesen,
wie sie heißen. Dem Wild geben wir
nur das Futter, welches wir aus den auf-
gestellten Automaten ziehen. Wir selbst
können uns in der Wildparkschänke neben dem Jagdschloß laben.
Nach dem Verlassen des Englischen
Gartens fahren wir die Straße nach Michelstadt rechts hinab. Bitte Vorsicht
üben und nicht den Rädern zu schnellen
Lauf lassen! Nach 3 Kilometern biegen
wir beim Habermannskreuz, einer kleinen Ansiedlung und einem Parkplatz,
rechts in den Wald ein, folgen auf dem
Waldweg der gelben 2 und der gelben
3, mal links, mal rechts, bis wir am
Waldrand an ein kleines lichtes Tal kommen. Der Weg verzweigt sich, wir nehmen den mittleren und folgen dem um-
gedrehten gelben T. Rechts steht die
Stockheimer Eiche, ein weiteres Naturdenkmal, dem Äste und Blätter fehlen,
nur der Rumpf des Baumriesen mit einigen kurzen, knorrigen Ästen erhebt sich
vor uns. Auf halber Höhe hat sich ein
fremdes Gebüsch eingenistet und grünt
frisch und frech auf seinem Wirtsbaum.
Einige Treppenstufen abwärts sehen wir
die 1938 freigelegten Grundmauern
der *Heilig-Kreuz-Kapelle* vom Kilians-
floß, die 1535 von hier zum Michelstäd-

ter Friedhof versetzt wurde. Wir folgen
dem Weg weiter abwärts und kommen
zum Friedhof, auf dem wir nun die alte
Kapelle sehen. Geradeaus die Friedhofstraße entlang erreichen wir nach 15,5
Kilometern über den Marktplatz wieder
den Ausgangspunkt unserer beschwerlichen, aber hochinteressanten Tour.
Variante: Für kleinere und ungeübte
Radler, denen wir den Besuch des Englischen Gartens nicht vorenthalten wollen,
empfehlen wir, mit dem Auto direkt zum
Parkplatz beim Englischen Garten zu
fahren. Die Tour 22, die auch von Michelstadt startet, ist dann kinderleicht.

Informationen zur Tour

Anfahrt
Mit dem Pkw: Auf der B 45 bis Michelstadt, auf
der Hülster Straße zum Bahnhof
Mit der DB: Bahnhof Michelstadt

Ausgangsort
Bahnhof Michelstadt

Zielpunkt
Wie Ausgangsort

Fahrradverleih
Anmeldungen: Verkehrsamt, Marktplatz 1,
64720 Michelstadt, Tel. 06061/74 1 47

Übernachtung unterwegs
Hotel »Drei Hasen«, Braunstraße 5, 64720
Michelstadt, Tel. 06061/614

Kinderfreundliche Bewirtung
Wildparkschänke, Forsthaus Eulbach, 64720
Michelstadt-Würzberg, auf der anderen
Straßenseite vom Englischen Garten, Tel.
06061/72 0 97, täglich 10 – 24 Uhr, Mo bis
18 Uhr, Di Ruhetag

🏛 Öffnungszeiten

Englischer Garten Eulbach, Tel. 06020/37 00, täglich 9 – 17 Uhr (römische Skulpturen, römischer Wachturm u.v.m.)

• Waldschwimmbad, Am Stadion 7, 64720 Michelstadt, Tel. 06020/32 56, im Sommer täglich 9 – 20 Uhr

• Odenwald-Museum, Speicherbau der Kellerei, 64720 Michelstadt, Tel. 06061/74 1 39, täglich vom 2. Samstag vor Ostern bis 1. Nov. 10 – 12.30 Uhr, 14 – 17 Uhr, Mo Ruhetag

• Spielzeugmuseum, Amtshaus in der Kellerei, 64720 Michelstadt, Tel. 06020/74 1 39, täglich vom 2. Samstag vor Ostern bis 1. Nov. 10 – 12 Uhr, 14 – 17 Uhr, Mo Ruhetag

• Landesrabbiner-Dr.-I.-E.-Lichtigfeld-Museum, Mauerstraße 7 (ehemalige Synagoge), 64720 Michelstadt, Tel. 06020/74 1 46 und 74 1 33, vom 2. Samstag vor Ostern bis 1. Nov. Do 14.30 – 16 Uhr, 1. und 2. Sonntag im Monat 14 – 16 Uhr

• Privates Elfenbeinmuseum, Am Kirchplatz 7, 64720 Michelstadt, Tel. 06020/31 57, Mo – Fr 10 – 12 Uhr, 14.30 – 17 Uhr, Sa 10 – 12.30 Uhr, So 11 – 12 Uhr, 14.15 – 16 Uhr

• Motorrad-Museum, Walther-Rathenau-Allee 17, 64720 Michelstadt, Tel. 06020/73 7 07, Sa, So und feiertags 10 – 18 Uhr, 1. Juni – 30. Sept. auch werktags 16 – 18.30 Uhr

ℹ️ Auskunft

• Verkehrsamt Michelstadt, Marktplatz 1, 64720 Michelstadt, Tel. 06020/74 1 46

• Rundflüge über den Odenwald, Aero-Club Odenwald e. V., Flugplatz Michelstadt-Waldhorn, Tel. 06061/21 36 und 27 00

📖 Geeignetes Kartenmaterial

• Wanderkarte Mittlerer Odenwaldkreis (1:25 000), Stadt Michelstadt

• Der Odenwaldkreis im Naturpark Bergstraße – Odenwald (1:50 000), Odenwaldkreis

• Naturpark Bergstraße – Odenwald 2 Nordwest (1:50 000), Hess. Landesvermessungsamt

22 Von Michelstadt die Mümling entlang

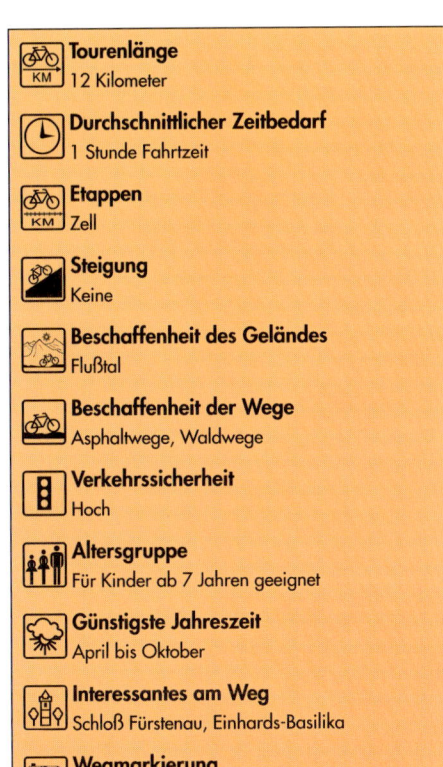

🚲 **Tourenlänge**	12 Kilometer
🕐 **Durchschnittlicher Zeitbedarf**	1 Stunde Fahrtzeit
🚲 **Etappen**	Zell
Steigung	Keine
Beschaffenheit des Geländes	Flußtal
🚲 **Beschaffenheit der Wege**	Asphaltwege, Waldwege
🚦 **Verkehrssicherheit**	Hoch
👪 **Altersgruppe**	Für Kinder ab 7 Jahren geeignet
⛅ **Günstigste Jahreszeit**	April bis Oktober
Interessantes am Weg	Schloß Fürstenau, Einhards-Basilika
Wegmarkierung	Verschiedene (siehe Text)

Alle, die die Tour 21 mitgeradelt waren, sind sich einig: Zur Abwechslung soll es diesmal eine kinderleichte Fahrt sein. Der Ausgangspunkt ist derselbe Bahnhof oder Parkplatz am Bahnhof Michelstadt. Gleich am Bahnhof überqueren wir die Gleise auf dem Kutschenweg nach rechts, überqueren auch die Mümling und sind im Ortsteil **Steinbach**. Rechts biegen wir in die Einhard-

Auf vielen unserer Radtouren durch den Odenwald begleitet uns das muntere Gewässer der Mümling.

straße, wieder rechts in die Schloßstraße und stehen vor dem **Schloß Fürstenau**. Um 1250 wurde es erbaut und 1317 erstmals als »Castrum Furstenawe« erwähnt. Die Erbacher Schenken erwarben das Wasserschloß 1355 und erweiterten es im Laufe der Zeit. Heute noch ist das Schloß bewohnt.
Wieder auf der Einhardstraße, fahren wir nach Norden, auf dem Bodenackerweg am Schloßpark vorbei. An der Weggabelung geht es rechts zur *Mümling*, den grünen Radweg-Weisern R 1 und R 4 folgend. Wir haben die Mümlingquelle in Beerfelden gesehen (Tour 15), haben den Fluß auf mancher Tour getroffen, der nach Norden durch einen

großen Teil des Odenwaldes fließt, bei Höchst sich nach Nordosten wendet, um bei Obernburg in den Main zu münden. Am linken Ufer des Gewässers radeln wir leicht dahin, hören das Plätschern und Rauschen der Mümling. Jetzt fahren wir durch offenes Gelände, an einem Altenheim vorbei, sehen links den Michelstädter Ortsteil **Asselbrunn**, durchfahren unberührte Natur, gelangen an einen Teich, an dem sich gern die Enten anlocken lassen. Wir geben ihnen etwas von unserem Proviant, können in der Schutzhütte am anderen Ufer rasten. Wenn sich der Weg verzweigt, folgen wir links der weißen M 3. Zwischen Wald und Fluß fahren wir dahin, unterqueren die B 45 und kommen schließlich an die Straße, die rechts ins Dorf **Zell** führt. Links erhebt sich der *Hohe Berg* mit seinen 316 Metern. Alle Radler beschließen, heute keinen Berg zu erklimmen oder zu umradeln. Also fahren wir nach Zell hinein, zweimal rechts und einmal links, und wir sind in der Straße »An der alten Schule«, die zum Bahnhof Zell-Kirchbrombach führt. Davor auf der rechten Seite können wir »Beim Kätche« eine Pause machen. Und weil der Weg an der Mümling so schön ist, beschließen wir, die sechs Kilometer flußaufwärts zu fahren. Nun lassen sich andere Ausblicke auf die Mümling und die Landschaft im Tal und die Berge hinauf genießen.
In *Steinbach* biegen wir die Schloßstraße nach rechts ein und stehen vor der **Einhards-Basilika**, deren Nordfront wir schon von weitem gesehen haben. Einhard, der in Michelstadt wohnte, erbaute das Gotteshaus zwischen 815 und 827. Von der großen Anlage, um die sich auch ein Kloster bildete, ist heute nur noch das Mittelschiff, die Hauptapsis, der nördliche Nebenchor

Auf jedem unserer Wege erfreuen uns am Rand Kräuter und Blumen, die in großer Artenvielfalt blühen. Es lohnt sich, die Augen nicht nur in die Ferne zu richten.

und die kreuzförmige Gangkrypta erhalten. Ein Modell im Garten zeigt uns anschaulich, wie einst das Gebäude ausgesehen hat, als es noch der Frömmigkeit diente.

Informationen zur Tour

Anfahrt
Wie Tour 21

Ausgangsort
Wie Tour 21

Zielpunkt
Wie Tour 21

Übernachtung unterwegs
Wie Tour 21

Kinderfreundliche Bewirtung
»Beim Kätche«, An der alten Schule, 74732 Bad König-Zell, Mo – Fr. 11 – 13.30 Uhr, 16 – 21 Uhr, Sa 11 – 21 Uhr, So 10 – 14.30 Uhr, 17 – 21 Uhr, Mi Ruhetag

Öffnungszeiten
• Schloß Fürstenau, Eingang zum Schloßhof an der Schloßstraße, 64720 Michelstadt-Steinbach, Sa, So, feiertags 10 – 16 Uhr
• Einhards-Basilika, 64720 Michelstadt-Steinbach, Tel. 06061/73 9 67, 1. März – 31. Okt. täglich 10 – 12 Uhr, 13 – 17 Uhr, Mo geschlossen, außer an Feiertagen

Auskunft
Wie Tour 21

Geeignetes Kartenmaterial
Wie Tour 21

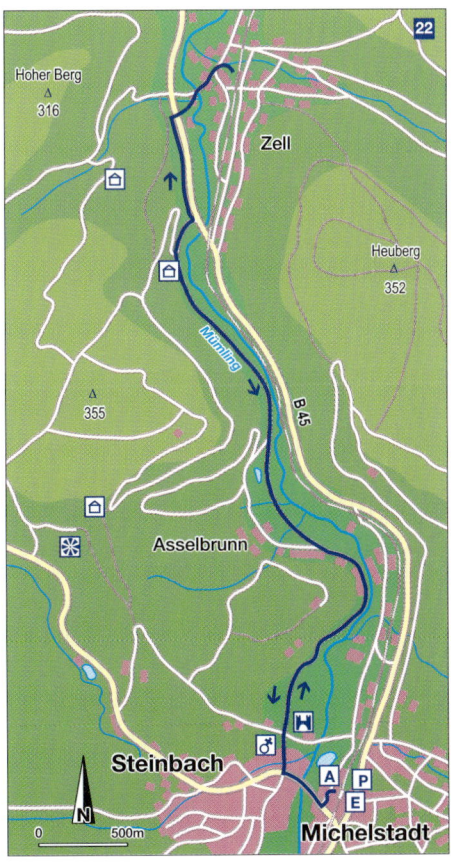

23 Von Fürth über den Bergtier-park Erlenbach nach Lauten-Weschnitz

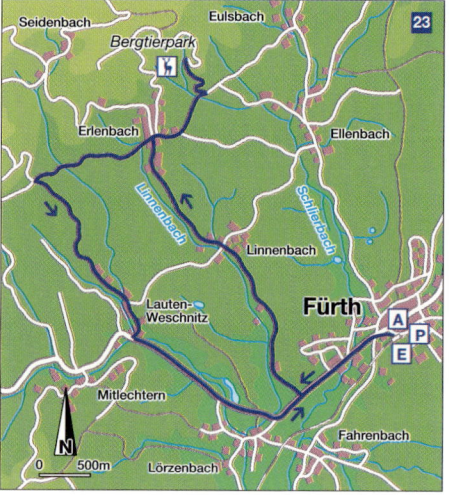

Tourenlänge
13 Kilometer

Durchschnittlicher Zeitbedarf
2 Stunden Fahrtzeit

Etappen
Bergtierpark

Steigung
Mäßig, die 10 Minuten zum Bergtierpark sind steil

Beschaffenheit des Geländes
Hügeliges Feld-, Wald- und Wiesengebiet

Beschaffenheit der Wege
Asphaltstraßen, Radwege, gut befahrbare Wanderwege

Verkehrssicherheit
Hoch, Vorsicht auf einigen Straßenabschnitten

Altersgruppe
Für Kinder ab 7 Jahren geeignet

Günstigste Jahreszeit
April bis Oktober

Interessantes am Weg
Tiere aus aller Welt

Wegmarkierung
Verschiedene Zeichen (siehe Text)

Die schönsten Termine, nach **Fürth** im Odenwald zu fahren, sind der 27. und 28. April, der 1. Mai, der 3., 5. und 6. Oktober; am 7. und 8. Dezember ist zu bedenken, daß wahrscheinlich die Zeit zum Radfahren vorbei ist, eher

Ski und Rodel angesagt sind. An diesen Tagen nämlich fahren die **Dampf-Sonderzüge** von *Weinheim* nach Fürth und zurück. Wer mit dem Auto nach Fürth fährt, sollte um 10 Uhr zusammen mit dem Zug starten. Die Gleise liegen oft neben der B 38 – so können wir den Zug unterwegs sehen und zu den Fahrgästen hinüberwinken.
Am Bahnhof in Fürth erwarten wir um 10 Uhr 45 das Eintreffen des dampfenden und qualmenden Museumszuges. Oder wir sitzen selbst im Zug, genießen die Aussicht und die Ansichten des Odenwaldes; unsere Fahrräder haben wir sicher im Gepäckwagen untergebracht.
Nun sind wir also in **Fürth**, das erstmals vor mehr als 1200 Jahren urkundlich erwähnt wurde: als Furte am Fluß Wisgosz, heute als Weschnitz bekannt. Kaiser Karl IV. verlieh Fürth im Jahr 1356 die Marktrechte. Der Jahrmarkt zu St. Johannes wurde nach 1668 ausgerufen, jedes Jahr feiern die Fürther und ihre Gäste noch heute Ende Juni vier Tage lang dieses bunte Volksfest.

Jetzt aber auf die Räder und die Bahnhofstraße hinunter bis zur Kreuzung! An der Ampel geht's links die Heppenheimer Straße entlang, die uns aus Fürth hinausführt. Schon bald können wir rechts auf einem Radweg neben der Straße fahren. Dann liegt Fürth mit seinen schönen alten Fachwerkhäusern hinter uns, und rechts weist ein Lama uns den Weg zum Bergtierpark die Straße hinauf. Die K 53 hat keinen Radweg, ist aber nicht sehr befahren. Zum Glück haben wir eine Gangschaltung und erklimmen die Steigung fast mühelos, kommen an Feldern, Wäldern und Wiesen vorbei nach Linnenbach, einem Ortsteil Fürths. Wir bleiben auf der Straße, die erst Am Linnenbach, dann Dorfstraße heißt. 500 Meter nach den letzten Häusern von Linnenbach erreichen wir die ersten Häuser von Erlenbach, einem anderen Ortsteil von Fürth. Wir strampeln die Paul-Joseph-Straße hoch, die ein Stück weiter Steinbruchstraße heißt. Dann zweigt rechts die Werner-Krauß-Straße ab, benannt nach dem berühmten Schauspieler, der ein Erlenbacher Bürger war. Jetzt nutzt auch die beste Gangschaltung nichts mehr, die letzten zehn Minuten schieben wir unser Rad bergan. Am Eingang des Tierparks parken wir unsere Fahrräder; bis jetzt sind wir 5,3 Kilometer gefahren (und haben zwischendurch auch ein bißchen schieben müssen).

Gleich hinter dem Eingang begrüßen uns bunte Papageien. Unseren Rundgang durch den Park beginnen wir am Käfig der *Magots* oder *Berberäffchen*, die ihre Heimat in den Bergen Nordafrikas, auf Gibraltar und im Bergtierpark Fürth/Erlenbach haben. »Vorsicht«, warnt ein Schild davor, daß diese lustigen Gesellen uns die Brille von der Nase stiebitzen können. Daneben wohnen die amerikanischen *Bergnasenbären*. Die nächsten Bewohner des großen Tierparks sind *Kaninchen*, die zutraulich angehoppelt kommen, um gestreichelt zu werden. Nebenan machen die *Walliser Ziegen* auf sich aufmerksam, mit drolligen Sprüngen verdienen sie sich ihre Portion Futter. Denn hier ist das Füttern erlaubt, aber den Tieren zuliebe nehmen wir nur das Futter, das wir am Kiosk des Tierparks gekauft haben. Mit Keksen oder Butterbroten wollen wir den Tieren keine Magenschmerzen bereiten. In ihren großen Freigehegen fühlen sie sich wohl, sind zum Teil hier geboren worden und längst echte Odenwälder Bewohner.

Rechts führt ein Gehege talwärts, es ist der Bereich der freundlichen vietnamesischen *Hängebauchschweine*. In ihrer Nachbarschaft lebt eine Herde *Alpakas*. Diese höckerlosen Kleinkamele sind Verwandte des Lamas und liefern den Indianern in den Gebirgen Lateinamerikas Wolle. Neugierig blicken sie aus ihrem Kuschelgesicht, ob wir ihnen etwas mitgebracht haben. Gegenüber sehen wir *Damwild*, das ursprünglich in Asien seine Heimat hatte, aber schon von den Römern eingebürgert wurde. Daneben hüpfen *Känguruhs* über die Wiese, die von der anderen Seite des Erdballs – aus Australien – stammen. Als der Entdecker und Weltreisende James Cook den australischen Eingeborenen ein solches Tier abgehandelt hatte, fragte er nach seinem Namen. »Känguruh«, erhielt er zur Antwort, was übersetzt soviel heißt wie: »Wir verstehen dich nicht.«

Wem schenken wir jetzt unsere Aufmerksamkeit? Rechts drängeln die *Kamerunziegen* an den Zaun, links die niedlichen *Zwergziegen*. In ihrer Gesellschaft tummelt sich ein *Yak*, das sonst im

Ein Besuch im Bergtierpark Fürth-Erlenbach läßt uns Tiere aus allen fünf Kontinenten unserer Welt erleben.

Himalaya zur Hause ist. Immer wieder schiebt es uns seinen Kopf entgegen, öffnet sein Maul und will gefüttert sein. Da sind *Steinböcke* und *Gemsen* aus den Alpen, die wir nun besuchen, etwas zurückhaltender. Auf der linken Seite begrüßen uns *Guanakos*, Verwandte von Alpaka und Lama. Den Berg hoch wohnen die *Mufflons*, europäische Wildschafe aus Korsika und Sardinien, die in deutschen Mittelgebirgen eingebürgert wurden. Jetzt nähern wir uns vorsichtig den frechen *Lamas*, den höckerlosen Gebirgskamelen aus den Anden in Südamerika. Falls sie spucken sollten, wir spucken nicht zurück. Nachbarn sind *Zwergesel* und Riesenvogel *Emu*, ein Straußenverwandter aus Australien, der zwei Meter hoch ist, nicht

fliegen, sondern nur laufen kann. Vielleicht kommt zum Abschied das Yak aus dem gegenüberliegenden Gehege noch einmal angelaufen, um ein letztes Mal gestreichelt zu werden und noch einen Bissen zu ergattern.

Jetzt haben wir mehr als 250 Tiere aus fünf Erdteilen gesehen, viele gestreichelt und gefüttert. Viel Zeit ist vergangen, wir müssen nach Fürth zurück. Bremsend fahren wir die Straße bergab, biegen die Steinbruchstraße links ein und fahren in die dritte Straße rechts, es ist der Mittershäuser Weg, asphaltiert und als Wanderweg mit den Nummern 3 und 16 in Rot gekennzeichnet.

In einem Waldstück überqueren wir den **Lörzenbach**. Unter einem Baum lädt rechts am Weg eine hölzerne Bank ein, sich auszuruhen. Aber wir sind noch keine 2 Kilometer gefahren, also überlassen wir die Bank müden Wanderern und biegen links in einen guten, nicht gekennzeichneten Weg ein, der uns nach Fürth-Lörzenbach bringt. Beim Gasthof »Post« biegen wir in die B 460 ein, das ist die »Siegfriedstraße«. Nach wenigen 100 Metern stößt sie auf die B 38/B 460; nach der Ampel biegen wir links ab und radeln auf dem Radweg zurück nach Fürth.

Informationen zur Tour

Ⓐ Anfahrt

Mit dem Pkw: Auf der A 5 von Frankfurt am Main oder Heidelberg kommend, Abfahrt Heppenheim, auf der B 460, »Siegfriedstraße«, nach Fürth, Abfahrt Weinheim, auf der B 38 nach Fürth

Mit der DB: Bis Weinheim, umsteigen in den Zug nach Fürth. Von Weinheim fahren an besonderen Tagen Dampf-Sonderzüge nach

Die Dampflokomotive hat den Anstieg von Weinheim an der Bergstraße bis nach Fürth im Odenwald geschafft. Vor der Rückfahrt darf sie verschnaufen.

Fürth, die Fahrräder mitnehmen; Informationen über das Eisenbahnmuseum Darmstadt-Kranichstein, Steinstraße 7, 64291 Darmstadt, Tel. 06151/376 401, 377 600

Ausgangsort
Bahnhof Fürth

Zielpunkt
Wie Ausgangsort

Kinderfreundliche Bewirtungen
• »da Pino«, Bahnhofstraße 8, 64658 Fürth, Tel. 06253/22 5 18, Di – So 11 – 14.30 Uhr, 17.30 Uhr – 22 Uhr (wenn die Museumsbahn fährt, auch durchgehend geöffnet)

• Restaurant-Café-Pension »Schorsch«, Steinbruchstraße 3, Tel. 06253/33 85, Di Ruhetag; hier Besichtigung einer der größten Uhrensammlungen Hessens

Sehenswürdigkeiten
Bergtierpark Fürth-Erlenbach, Tierparkstraße 20, 64658 Erlenbach, Tel. 06253/33 89, 33 85, täglich 9 – 19 Uhr

Auskunft
Verkehrsamt, Hauptstraße 19, 64658 Fürth, Tel. 06253/20 02 – 16

Geeignetes Kartenmaterial
Naturpark Bergstraße – Odenwald, Nordwest (1:50 000), Hessisches Landesvermessungsamt

24 Rund um Lindenfels

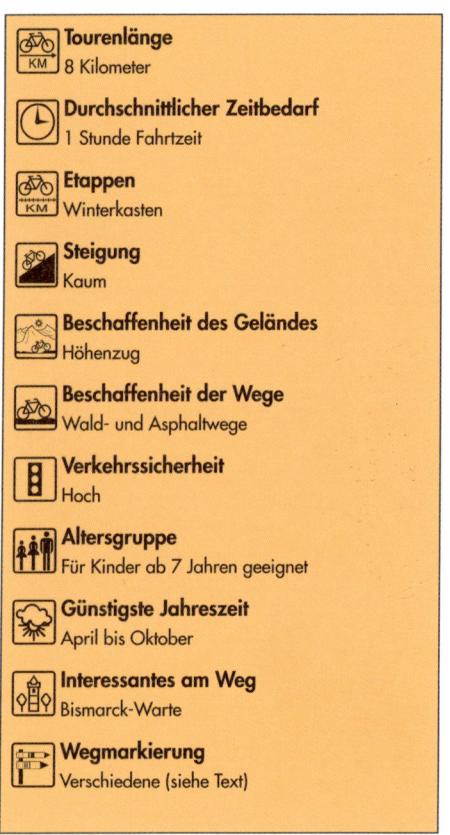

	Tourenlänge
	8 Kilometer

Durchschnittlicher Zeitbedarf
1 Stunde Fahrtzeit

Etappen
Winterkasten

Steigung
Kaum

Beschaffenheit des Geländes
Höhenzug

Beschaffenheit der Wege
Wald- und Asphaltwege

Verkehrssicherheit
Hoch

Altersgruppe
Für Kinder ab 7 Jahren geeignet

Günstigste Jahreszeit
April bis Oktober

Interessantes am Weg
Bismarck-Warte

Wegmarkierung
Verschiedene (siehe Text)

ben Stunde mit dem Rad in Winterkasten wäre.

Wir parken das Auto auf dem Parkplatz neben der Nibelungenstraße, die von hier, dem östlichen Stadtrand, nach Reichelsheim führt. Auf der anderen Straßenseite in den Wald hinein führt der »Philosophenweg«, der mit einer 3 markiert ist. Die ersten wenigen Meter steigen stark an. Dann haben wir einen bequem zu radelnden Waldweg vor uns, auf dem wir bleiben sollen, nicht rechts oder links abweichen dürfen, so wurde uns geraten. Wir halten uns daran, bleiben auf dem Hauptweg, kommen an einem Quell vorbei, an dem wir lesen: »Zu hohem Alter/es ein jeder bringt,/der hundert Jahr/aus diesem Brunnen trinkt.«

Nach etwa 2,5 Kilometern trifft unser

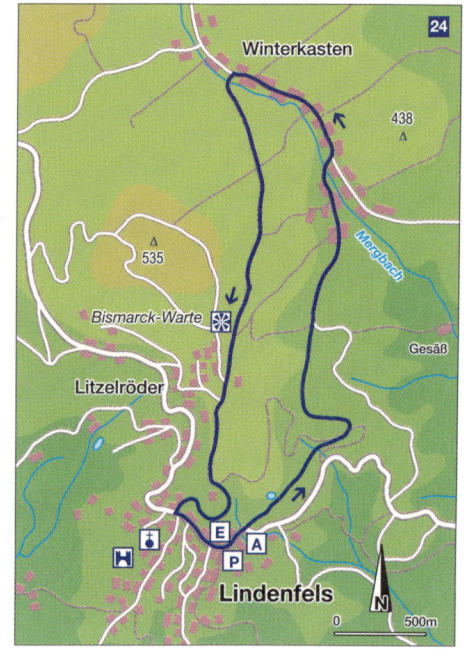

Freunde hatten uns spöttisch gewarnt: »Wo wollt ihr denn in Lindenfels radfahren? Da gibt es doch nur Berge drumherum.« Wir wollten es trotzdem versuchen und fanden einen schönen und dabei leicht zu radelnden Weg. Wir fragten eine Bürgerin von Lindenfels, ob der Hessenweg, ein Wanderweg, gut mit dem Fahrrad zu befahren wäre, wenn wir nach Winterkasten wollten. Sie empfahl uns den Philosophenweg, auf dem sie auch in einer hal-

Philosophenweg auf die kleine Straße, die hinauf nach dem Ortsteil Winterkasten führt; wir sehen schon die ersten Häuser. In der Landmetzgerei, die zum Café »Zur Sonne« in der Hauptstraße gehört, kaufen wir Odenwälder Spezialitäten als Proviant. Weiter fahren wir die lange Hauptstraße entlang, die leicht ansteigt. Winterkasten ist ein typisches langgestrecktes Odenwälder Straßendorf. Den Röttweg biegen wir links ein, kurven am Kriegerdenkmal nach links Richtung »Lindenfels Stadtmitte«, auch als Weg 14 markiert. 500 Meter steigt der Weg an, dann fahren wir die Höhe unterhalb des Berges »Das Buch«, der 535 Meter hoch aufragt, entlang. Weit blicken wir in die Täler hinein und zu den Bergen im Osten hinüber. Unser Weg hat jetzt als Kennzeichen das rote Dreieck und das rote Quadrat.

Nachdem wir insgesamt 5 Kilometer zurückgelegt haben, erhebt sich rechts über den Baumwipfeln die Bismarck-Warte, deren Zinnen wie Heringsschwänze aussehen. 1907 wurde dieser Aussichtsturm auf einer Höhe von 452 Metern errichtet. Hier genießen wir unseren Proviant und die großartige Aussicht nach allen Seiten von der Plattform des Turms aus. Unter uns liegt im goldenen Licht Lindenfels, der heilklimatische Kurort, »die Perle des Odenwaldes«. Nach dem Verlassen des Turms fahren wir bergab, immer geradeaus, kommen über die kleine Straße, die »In der Hohl« heißt, auf die Nibelungenstraße, die durch Lindenfels führt. Rechts die Burgstraße hinein schieben wir unsere Räder; der Mittelpunkt der Altstadt ist eine Fußgängerzone. Am Marktplatz rechts sehen wir das Kurmittelhaus und das Rathaus, schöne Barockbauten aus dem 18. Jahrhundert. In der Burgstraße

Auf der Rückfahrt von Winterkasten nach Lindenfels blicken wir, nachdem wir die leichte Steigung genommen haben, zum Abschied ins Dorf hinein.

fahren wir hinauf, hier steht die ehemalige Zehntscheuer, heute das Lindenfelser Museum. Über uns thront die Burg Lindenfels, 1080 als »Slirburc« gegründet, 1779 zum Abbruch freigegeben, 100 Jahre danach wurden die Erhaltungs- und Renovierungsarbeiten begonnen. »In der Stadt« sehen wir die alten Türme und Tore des ältesten Teils von Lindenfels.

Wir verlassen die Altstadt, kehren zur Nibelungenstraße zurück und folgen ihr bis zum Parkplatz gegenüber dem Philosophenweg. 8 Kilometer sind wir geradelt, mußten uns kaum anstrengen und haben viel gesehen.

Informationen zur Tour

Anfahrt

Mit dem Pkw: Auf der Nibelungenstraße B 47, von Westen ab Bensheim von der A 5, von Osten ab Michelstadt von der B 45 kommend

99

Von der Bismarck-Warte über Lindenfels schauen wir weit über die Berge und Täler des Odenwaldes. Unter uns, schimmernd in den Strahlen der Nachmittagssonne, liegen Stadt und Burg.

Ausgangsort

Parkplatz neben der Straße Richtung Reichelsheim am östlichen Stadtrand

Zielpunkt

Wie Ausgangsort

Übernachtung unterwegs

• Terrassencamping Schlierbach, Am Zehntbuckel 11, 64678 Lindenfels-Schlierbach, Tel. 06255/630
• Gasthaus und Pension »Zum Römischen Kaiser«, Kirchstraße 17, 64678 Lindenfels-Schlierbach, Tel. 06255/575, das Restaurant ist zwischen 14 und 21 Uhr geöffnet, Mo Ruhetag

Kinderfreundliche Bewirtung

Altes Rauch'sches Haus, Gasthaus-Pension-Café, Burgstraße 31, 64678 Lindenfels, Tel. 06255/521, täglich 8 – 21 Uhr, Di Ruhetag

Sehenswürdigkeiten

• Lindenfelser Museum in der Zehntscheuer am Rathaus, Tel. 06255/24 25, Apr. – Okt. So und feiertags 14.30 – 17 Uhr
• Ostersamstag (12 – 18 Uhr) u. Ostersonntag (10 – 18 Uhr) Ostermarkt »Kunst am Ei«
• 1. Wochenende im Aug.: Burg- und Trachtenfest mit »Odenwälder Hochzeit«; 1. Wochenende im Okt: Brauchtumstage
• Beheiztes Freibad, Almenweg, 64678 Lindenfels, im Sommer täglich 9 – 20 Uhr

Auskunft

Kurverwaltung/Verkehrsamt im Rathaus, Burgstraße 39, 64678 Lindenfels, Tel. 06255/24 25

Geeignetes Kartenmaterial

Naturpark Bergstraße-Odenwald 1 Nordwest (1:50 000), Hessisches Landesvermessungsamt

25 Von Bad König zum Kastell Hainhaus und nach Fürstengrund

Tourenlänge
22,5 Kilometer (Variante: 9 Kilometer)

Durchschnittlicher Zeitbedarf
2,5 Stunden Fahrtzeit (Variante: 1 Stunde Fahrtzeit)

Etappen
Breitenbrunn, Fürstengrund

Steigung
Nur zum Teil stark

Beschaffenheit des Geländes
Wald und Berg, Wiesen und Täler

Beschaffenheit der Wege
Befestigte Feld- und Waldwege, kleine Straßen

Verkehrssicherheit
Hoch, aber Vorsicht auf den Straßen

Altersgruppe
Für Kinder ab 10 Jahren geeignet (Variante: ab 7 Jahren)

Günstigste Jahreszeit
April bis Oktober

Interessantes am Weg
Odenwald-Baum, Brunnen und Quellen, Amphibien, römische Vergangenheit

Wegmarkierung
Verschiedene (siehe Text)

Zur Römerzeit soll die Ansiedlung *Quintiacum* geheißen haben, später wurde der Ort Quiniticha genannt, Quinteca, Cunticha, Kuntiche, woraus sich Künich und schließlich Künnich ab-

leiteten. Heute heißt die Kurstadt **Bad König**. Aus der *Odenwald-Therme* sprudelt heilsames Stahlwasser.

Unsere Radtour durch die Stadt und ihre Umgebung beginnen wir am Bahnhof – ob wir mit dem Zug ankommen oder am Platz vor dem Bahnhof das Auto parken. Hinter dem Bahnhof liegt der *Kurpark* mit seinen Seen, dem Sportzentrum, dem Schwimmbad und der Kneipp-Anlage. Wir radeln die Bahnhofstraße nach links, benutzen den Radweg, am Großen Brunnen führt die Schwimmbadstraße links zum Kurpark. Das merken wir uns für später und fahren geradeaus auf der Frankfurter Straße an Kurzentrum, Thermalbad und Kurgarten vorbei, um rechts in die Kimbacher Straße einzubiegen, die leicht aufwärts führt.

Wenn wir der Alexanderstraße nach rechts folgen, kommen wir zum Schloßplatz mit dem **Alten Schloß** von 1559 und dem **Neuen Schloß** von 1793, die sich die Grafen von Erbach hier erbauen ließen. Auf dem Schloßplatz steht auch die 1750 errichtete evangelische **Kirche**. An der Ostseite der Schloßanlage liegt der Lustgarten mit seinen unter Naturschutz stehenden Bäumen; daneben die große Freilichtbühne für 530 Besucher.

Zurück auf die Kimbacher Straße bis zum Friedhof, fahren wir den Friedhofsweg rechts hinein. Wir sehen die alte **Kapelle** aus dem 11. Jahrhundert, die 1514 erneuert und erweitert wurde. Einst sollen Wallfahrer hierher gepilgert sein. Wir haben den Friedhof und den daneben liegenden Judenfriedhof rechts hinter uns gelassen, da zeigen uns hölzerne Wegweiser nach links zu den »Drei Mühlen« und zum »Gesundheitsbrunnen«. Wir folgen dem leicht befahrbaren Feldweg, dem Nachtweide-

weg, bis zum Waldrand. Links unter uns am **Kimbach**, der bei Bad König in die Mümling mündet, liegen die **Drei Mühlen**, zwei waren Getreidemühlen, die dritte eine Ölmühle. Die älteste Mühle wurde im Jahr 1450 erbaut. Wer will, macht den kleinen Abstecher links hinunter, um sich die Mühlen und das große Mühlrad anzuschauen.

Rechts in den Wald hinauf zeigt uns ein Wegweiser zum **Gesundheitsbrunnen**; links führt ein *Naturlehrpfad* in den Wald hinein. Am Waldrand nach wenigen Metern ansteigend angekommen, fahren wir nach links, folgen nun der gelben 4 im Kreis, biegen in den großen Waldweg nach links und halten uns kurz vor Erreichen der Autostraße

rechts, wo nach insgesamt 4,5 Kilometern der Gesundheitsbrunnen sprudelt. Sein frisches Wasser ist kein Trinkwasser!

Vorsichtig überqueren wir nun die Autostraße, biegen in den gegenüberliegenden Wald ein und folgen dem Wegweiser, der uns die Richtung nach »Kimbach« zeigt. Am Anfang ist der Weg etwas schwierig, dann geht es mit mäßiger Steigung bergauf. Nach einem knappen Kilometer fahren wir aus dem Wald heraus, wir sind fast auf dem Hainsberg. Der Weg geradeaus führt nach Kimbach, wir biegen nach links und kommen zum **Odenwaldbaum**, einer mächtigen, uralten Eiche. An ihr führt der Weg nach rechts, ein breiter

102

Asphaltweg für landwirtschaftliche Fahrzeuge – und für Radfahrer. Zwei leichte Erhebungen hat dieser Weg; die eine ist der Gipfel des Hainsberges mit seinen 341 Metern, die andere bezeichnet den höchsten Punkt des Hengstberges mit 375 Metern. Am Waldrand entdecken wir eine *Schutzhütte,* in der wir Rast machen können. Dann geht's weiter in den Wald hinein, links zwischen Wald und Weg plätschert ein Bächlein, in dem sich Kaulquappen durchs Wasser schlängeln, Molche sich in Licht und Schatten unsichtbar machen. Es ist das Amphibien-Schutzgebiet, dessen Wasser sich aus dem Käsebrünnchen speist, das wir weiter den Weg hinauf sehen. Die alte Brunnenfassung der Quelle stammte aus dem Jahr 1748 und wurde von der Bergwacht Kimbach 1993 renoviert.

Im Wald folgen wir den Wegzeichen der gelben eingekreisten 3 Richtung Hainhaus, an der Kreuzung der gelben 2, und dann sind wir am Parkplatz, rechts um die Ecke haben wir das Kastell Hainhaus erreicht, von dessen Umfassungsmauern nur noch ein kleiner Erdwall Zeugnis ablegt. Durch den Ostwall fahren wir ins Kastell hinein. Links erhebt sich eine Sitzgruppe steinerner Sessel, die vom Zentgericht im nicht weit entfernten Vielbrunn stammen. Der Fürst zu Löwenstein-Wertheim ließ 1795 hier ein kleines Jagdschloß mit Forsthaus, Gesindehaus und Kapelle erbauen. 1805 befahl er, die Steinsessel anzuschleppen, um einen einzigartigen Rastplatz für seine Jagdgesellschaften zu haben.

Wir verlassen Hainhaus auf der Straße links hinunter Richtung Breitenbrunn; rechts neben der wenig befahrenen Straße verläuft der ehemalige Limes, von dem nichts mehr zu erkennen ist.

Diese Haltung ist kein Zeichen der Mißachtung. Die Pferde nehmen die Nase aus dem Wind, der Regen verspricht. Für uns wird es Zeit, zurückzufahren.

An der Kreuzung befand sich früher ein Kastell, dessen Spuren längst verweht sind. Nur eine Informationstafel erzählt uns davon. Um die abschüssige Straße nach Breitenbrunn zu vermeiden, die sich links in den Wald schlängelt, fahren wir den linken Wald- und Feldweg hinab, der auf einem Stück ziemlich steil ist; vielleicht steigen wir ab und schieben die 200 Meter hinunter. Der Weg wird zum Asphaltweg, an der Gabelung fahren wir rechts hinunter nach Breitenbrunn, durch das Dorf hindurch, links Richtung Rimhorn. Auf halbem Weg zu diesem nächsten Dorf, nach insgesamt 15 zurückgelegten Kilometern dieser Tour, führen auf der linken Seite zwei Wege in den Wald. Wir nehmen den ersten Weg, der mäßig ansteigt, dann weisen uns hölzerne Wegweiser nach »Bad König«. Andere Wegweiser zeigen später zum »Heckenhof«; wir fahren also zuerst nach rechts, dann nach links, an der nächsten Waldweg-Kreuzung geht es links hinunter zum Heckenhof, einer Wanderraststätte, die

103

seit 1726 im Besitz der Familie Frindt ist.

Von hier folgen wir nicht dem Wegweiser nach Bad König, sondern dem nach **Fürstengrund**. Abwärts führt die kleine Straße bis an den Rand des Ortes, von hier nach rechts geht es weiter bergab nach Bad König hinein, wir stoßen auf die Frankfurter Straße, die bald zur Bahnhofstraße wird und uns nach 22,5 Kilometern ans Ziel bringt.

Variante: Mit kleineren Kindern fahren wir nur zum Gesundheitsbrunnen und kehren auf dem selben Weg wieder zum Ausgangsort zurück.

Informationen zur Tour

🅰 Anfahrt
Mit dem Pkw: Auf der B 45 nach Bad König
Mit der DB: Bahnhof Bad König

🚲 Ausgangsort
Parkplatz am Bahnhof Bad König

🚲 Zielpunkt
Wie Ausgangsort

🚲 Fahrradverleih
Radsport Bilgeri, Elisabethenstraße 10 A, 64732 Bad König, Tel. 06063/33 04

🛏 Übernachtung unterwegs
Hotel-Pension »Stadtschänke«, Elisabethenstraße 6, 64732 Bad König, Tel. 06063/20 38

♟ Kinderfreundliche Bewirtung
Wanderraststätte »Heckenhof«, 64732 Bad König-Fürstengrund, Tel. 06063/26 77, 1. Mai – 31. Okt. Mo, Mi – Sa 13 – 21 Uhr, So und feiertags 9 – 21 Uhr, Di Ruhetag, 1. Nov. – 30. Apr. nur So und feiertags 9 – 21 Uhr

🏛 Öffnungszeiten
• Heimatmuseum im Schloß, Bad König, Tel. 06063/50 0 90, So 10.30 – 12 Uhr
• Thermal-Bewegungsbad, Kurzentrum, Tel. 06063/58 1 82, Mo – Fr 12 – 21.30 Uhr, Mi nur bis 20 Uhr, Sa, So 9 – 20 Uhr
• Freibad, Schwimmbadstraße, Bad König, Tel. 06063/26 07, Sommer 9 – 20 Uhr

ℹ Auskunft
Kurverwaltung im Kurzentrum, Elisabethenstraße 13, 64732 Bad König, Tel. 06063/58 1 82

📖 Geeignetes Kartenmaterial
• Wander- und Radwanderkarte Bad König (1:30 000), Magistrat Bad König
• Der Odenwaldkreis im Naturpark Bergstraße – Odenwald (1:50 000), Odenwaldkreis

Der stattliche Odenwaldbaum ist eine alte Eiche. Dieses Naturdenkmal, weithin sichtbar und ein Orientierungspunkt, dient auch schattiger Rast.

26 Von Fränkisch-Crumbach durch das Rodensteiner Land

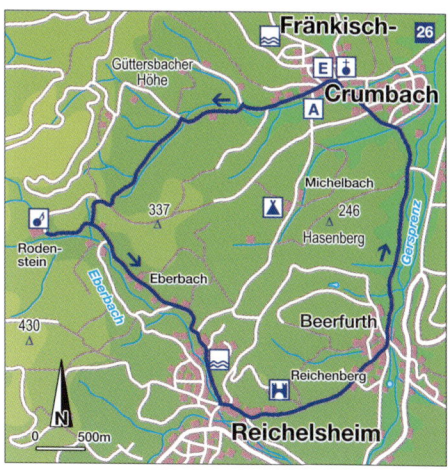

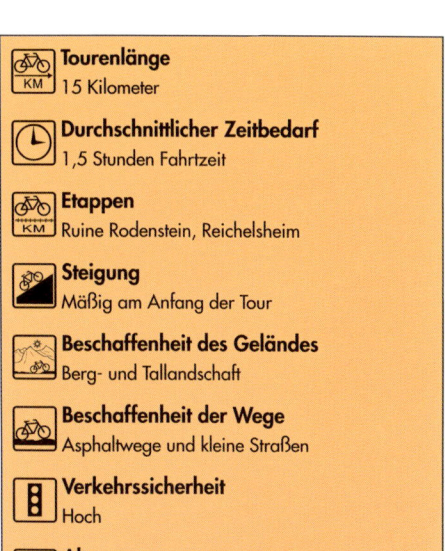

Tourenlänge
15 Kilometer

Durchschnittlicher Zeitbedarf
1,5 Stunden Fahrtzeit

Etappen
Ruine Rodenstein, Reichelsheim

Steigung
Mäßig am Anfang der Tour

Beschaffenheit des Geländes
Berg- und Tallandschaft

Beschaffenheit der Wege
Asphaltwege und kleine Straßen

Verkehrssicherheit
Hoch

Altersgruppe
Für Kinder ab 7 Jahren geeignet

Günstigste Jahreszeit
April bis Oktober

Interessantes am Weg
Ruine Rodenstein, Gersprenztal

Wegmarkierung
Verschiedene (siehe Text)

Früher haben sich im Odenwald die Menschen diese Geschichte erzählt: Der letzte Rodensteiner war ein raufustiger Gesell und kriegsfreudiger Kämpe. Nur nach dem Kampf stand sein Sinn. Als er bei einem Turnier alle Männer besiegt hatte, überreichte ihm ein Edelfräulein den Siegespreis. Diese Jungfrau war so schön und lieblich, daß das harte Herz des Ritters in Liebe entbrannte. Der Rodensteiner heiratete und verbrachte nun die ganze Zeit bei seinem Weib, mied Streit und Schlacht. Doch eines Tages geriet er in Fehde mit einem Burgherrn der Nachbarschaft. Nun erwachte wieder die Kampfeslust in dem Ritter. Er rüstete sich zum Waffenstreit. Flehend hing sein Weib sich an ihn und bat, vom Kampf abzulassen. Fluchend stieß er sie von sich, sie stürzte zu Boden, und der Rodensteiner zog vor die Burg seines Feindes. Seine Frau aber war gesegneten Leibes gewesen. Durch den Sturz gebar sie ein totes Kind und starb in den Wehen. In der Nacht erschien dem Rodensteiner eine weiße Gestalt, in der er seine Frau erkannte, die ein totes Kind in den Armen hielt. Diese Erscheinung fluchte dem Rodensteiner, daß er Frau und Kind seiner Kampfeslust geopfert habe, daß er immerdar umherziehen und dem Land von Krieg und Frieden künden müsse. Und so geschah es. Immer wenn ein Krieg

Das Schloß Reichenberg über der Stadt Reichelsheim, ein stattliches Gebäude aus dem 13. Jahrhundert, ist zum Teil nicht zugänglich.

Da zog der Rodensteiner wieder von Rodenstein fort.

Heute wollen wir durchs Rodensteiner Land ziehen, aber friedlich auf unseren Fahrrädern. Wir besteigen unsere Stahlrösser in **Fränkisch-Crumbach**. Dieser Ort hat schon im Jahr 795 bestanden. Fränkische Ritter erhielten ihn zum Besitz. Die Brüder Rudolf und Friedrich von Crumbach erbauten sich um 1240 eine Burg auf dem Rodenstein und nannten sich nun nach der Burg. Diese wurde erweitert und entwickelte sich zu einer stolzen Anlage. 1635 starb der letzte Rodensteiner mit seiner Familie an der Pest. Die unbewohnte Burg verfiel langsam und wurde als Steinbruch benutzt. Die letzten Mauerreste rettete der Odenwaldklub vor über 100 Jahren. Die Ruine ist heute unser erstes Ziel. Wir fahren die Rodensteiner Straße nach Osten entlang, folgen dem gelben Querbalken als Markierung und erreichen in mäßiger Steigung auf schmaler, kaum befahrener Straße die **Güttersbacher Höhe**. Von hier blicken wir weit ins Rodensteiner Land. Der Weg gabelt sich, und wir folgen dem weißen Eichhörnchen, das uns nach links weist. Bergab geht es ins Tal, wo links das Dorf **Eberbach** liegt, rechts der Weg zum Hofgut Rodenstein mit Gasthof und zur Ruine Rodenstein beschildert ist. Nach 3,5 Kilometern parken wir die Räder am Gasthof und steigen den steilen Weg zur **Ruine Rodenstein** hinauf. Von den wenigen Mauerresten blicken wir weit ins Land und lassen in unserer Phantasie die Zeit der Rodensteiner vorbeiziehen. Wir sehen die Gedenktafel für den Dichter Joseph Victor von Scheffel (1826 – 1886), der zu seiner Zeit auch mit den »Rodensteinliedern« populär war.

Durch die weit an der Straße gestreuten Häuser von Eberbach fahren wir nun

ausbrach, war ein Donnern und Klirren in der Luft. Da zog der Rodensteiner mit seinen Kampfgefährten von der Burg Schnellerts durch die Lüfte hin zum Rodenstein. Und wenn der Frieden kam, war wieder, selbst bei schönem Wetter, ein Donnern und Rumpeln in der Luft.

nach Reichelsheim, stoßen am Ortsrand auf die Straße, die links über das Dorf Michelbach nach Fränkisch-Crumbach führt, kurven aber nach rechts und fahren in Reichelsheim ein. Wer keinen Bummel durch den ehemaligen Marktflecken »Richoldsheim« machen will, biegt links in die Beerfurther Straße ein, gekennzeichnet mit dem gelben Querbalken und dem grünen Radfahrzeichen R 2. Über der Stadt thront das Schloß Reichenberg, das im 13. Jahrhundert errichtet wurde. Ein Teil des Schlosses ist in Privatbesitz und nicht zugänglich.

Wir kommen nach Beerfurth, einem kleinen Dorf aus alter Zeit. Das »Beer« in seinem Namen leitet sich von Eber ab, und die Furt ist in der Gersprenz, durch die früher die Schweine in die Wälder getrieben wurden. Wir folgen dem Lauf der Gersprenz nach Norden und treffen nach insgesamt 15 Kilometern wieder in Fränkisch-Crumbach ein. Wo die Bahnhofstraße sich zur Rodensteiner Straße fortsetzt, sehen wir die heute evangelische Kirche aus dem 12. Jahrhundert mit den Grabdenkmälern der Rodensteiner. In der Nachbarschaft der Kirche steht das Herrenhaus, im 16. Jahrhundert von den Rodensteinern erbaut, ist dieses Schloß heute der Wohnsitz der Familie von Gemmingen-Hornberg, die durch Erbfolge und Kauf die Nachfolger der Rodensteiner wurden. Im Kellerbau des Schlosses ist das *Heimatmuseum Rodenstein* untergebracht. Fränkisch-Crumbach hat noch eine zweites Schloß, an der Rodensteiner Straße/Ecke Pretlackstraße erhebt sich das um 1690 von den Rodensteinern errichtete Gebäude, das später der Familie Pretlack, dann der Familie von Gemmingen gehörte und jetzt das Rathaus der Gemeinde ist.

Informationen zur Tour

🅰 Anfahrt

Mit dem Pkw: Auf der B 47/Siegfriedstraße von Bensheim (Abfahrt von der A 5), von Norden auf der B 38, von Osten und Süden auf der B 45 Richtung Fränkisch-Crumbach

 Ausgangsort

Rodensteiner Straße in Fränkisch-Crumbach

🚴 Zielpunkt

Wie Ausgangsort

🛏 Übernachtung unterwegs

• Landgasthaus und Pension »Hofgut Rodenstein«, an der Ruine Rodenstein, Tel. 06164/10 87, das Gasthaus ist geöffnet täglich 11 – 18 Uhr, Mi und Do Ruhetage
• Landhaus Lortz, Ortsstraße 3, 64385 Reichelsheim-Eberbach, Tel. 06164/49 69 (mit Fahrradverleih), Sa und So 12 – 17 Uhr

🎠 Kinderfreundliche Bewirtungen

• Johanns-Stube, täglich 11.30 – 14 Uhr, 18 – 21 Uhr
• Schwanen-Garten, täglich 11.30 – 21 Uhr, Johanns-Stube + Schwanen-Garten: Do und Fr bis 18 Uhr Ruhetage, Rathenauplatz 2, 64385 Reichelsheim, Tel. 06164/22 26
• Crumbacher Stuben, Rodensteiner Straße 13, 64407 Fränkisch-Crumbach, Tel. 06164/25 60, täglich 11 – 14 Uhr, 17.30 – 21 Uhr, Do 11 – 14 Uhr, Mo Ruhetag

🏛 Öffnungszeiten

• Heimatmuseum Rodenstein, Kellerbau, Rodensteiner Straße, 64407 Fränkisch-Crumbach, Öffnungszeiten sind zu erfragen unter Tel. 06164/718
• Freibad, Sportzentrum, Saroltastraße, 64407 Fränkisch-Crumbach, Sommer täglich 9 – 20 Uhr
• Burgruine Rodenstein, die Sagenburg des Odenwaldes

Die Odenwälder Bauern haben Freude an der Natur. Wenn sich Kornblumen ins Getreide eingeschlichen haben, dürfen sie gern ihre blauen Blüten entfalten.

27 Von Höchst nach Breuberg und um Breuberg herum

 Tourenlänge
25 Kilometer

 Durchschnittlicher Zeitbedarf
2,5 Stunden Fahrtzeit

 Etappen
Hainstadt, Burg Breuberg

 Steigung
Nur den Burgberg hinauf zum Teil starke Steigung

 Beschaffenheit des Geländes
Tallandschaft

 Beschaffenheit der Wege
Asphaltwege

 Verkehrssicherheit
Hoch, Ausnahmen sind kurze Straßenstrecken

 Altersgruppe
Für Kinder ab 10 Jahren geeignet (wenn wir auf die Fahrt von Hainstadt zum Klettersteig verzichten: ab 7 Jahren)

 Günstigste Jahreszeit
April bis Oktober

 Besondere Ausrüstung
Kletterausrüstung für den Klettersteig

 Interessantes am Weg
Altstadt von Breuberg, Burg Breuberg, Klettergebiet

 Wegmarkierung
Verschiedene (siehe Text)

• Heimatmuseum im alten Rathaus, Rathenauplatz 27, 64385 Reichelsheim, Öffnungszeiten sind zu erfragen unter Tel. 06164/50 80
• Beheiztes Freibad, Konrad-Adenauer-Allee, 64385 Reichelsheim, Tel. 06164/50 8 28, Sommer 9 – 20 Uhr

ⓘ Auskunft
Verkehrsamt im Rathaus, 64407 Fränkisch-Crumbach, Tel. 06164/93 0 30
• Fremdenverkehrsamt, Bismarckstraße 43, 64385 Reichelsheim,
Tel. 06164/50 8 26, 50 8 38
• Ballonfahren, Auskunft über das Fremdenverkehrsamt Reichelsheim

Geeignetes Kartenmaterial
Wanderkarte Reichelsheim (1:25 000), Verkehrsverein; Wanderkarte Fränkisch-Crumbach (1:25 000), Verkehrsverein

In der Bahnhofstraße von Höchst i.
Odw. fahren wir bis zur Bismarck-
straße, kurven nach links, kommen in
der Wilhelminenstraße an die große
Kreuzung. Links auf der anderen
Straßenseite über den *Montmelianer
Platz* hinweg sehen wir das Filialkloster
der Fuldaer Augustinerinnen, das heute
eine Bildungsstätte der Evangelischen
Kirche ist. Der mächtige Kirchturm ist typisch für die alten Odenwälder Kirchen.
Wir folgen der Erbacher Straße ein kur-
zes Stück nach rechts, überqueren die
Mümling, steigen an der Ampel ab und
schieben bei Grün die Räder über die
Straße. Auf der anderen Seite sehen wir
das grüne Radfahrerzeichen: Die Markierung R 1 weist uns den Weg Richtung
»Mümlingtal« und »Breuberg«. Bald
lassen wir die letzten Häuser des idylli-
schen Höchst hinter uns. Auf einem Asphaltweg erreichen wir das schöne Dorf
Dusenbach. Etwas unterhalb zieht sich
die Straße hin, und die Mümling fließt
nach Nordosten. Unser Weg führt leicht
bergan in den Wald. Am Ludwigsbrun-
nen, der rechts am Weg sprudelt, nehmen wir den linken Weg hinunter ins
Mümlingtal.
Vor uns erhebt sich auf einem Berg die
Burg Breuberg, um sie herum »die Stadt
rund um die Burg«. Unser Radweg
kommt an eine Brücke, auf der wir nach
links an die Mümling im Stadtteil Neu-
stadt gelangen. Immer unserem grünen
R 1 folgend, überqueren wir die Bahnhofstraße, biegen an der Wolfenmühle
nach rechts, unterqueren die B 426 und
fahren nach links zum Stadtteil Rai-Brei-
tenbach. Am Ortsrand geht es nach
links, bei der Ansiedlung Rosenbach
fahren wir für eine kurze Strecke neben
der B 426 und gelangen in den Stadtteil
Hainstadt. Links zweigt die Straße nach
dem Stadtteil Wald-Amorbach ab. Die-

Nur wenige Schritte oder Pedaltritte von der Altstadt unter der Burg Breuberg rauscht und sprudelt die Mümling.

ser Straße, wenig befahren, folgen wir
bergauf, bis wir nach einigen Kurven
nach jetzt 11 Kilometern an den Parkplatz rechts am Wald kommen. Hinter
dem Parkplatz erhebt sich in rotem
Sandstein der Starkenburger Klettersteig, eines der schönsten Klettergebiete
nördlich der Alpen. Anfänger und Fort-
geschrittene bis zum Schwierigkeitsgrad
neun erproben hier ihre Kenntnisse und
Fähigkeiten. Die Nicht-Kletterer unter
uns bewundern das Geschick und den
Mut der Sportler.

In der Wand des Starkenburger Klettersteigs bei Hainstadt erproben Anfänger und Könner ihre Kenntnisse und Fähigkeiten, den Berg zu besteigen.

Nachdem wir uns vom Klettern oder der Anstrengung des Zuschauens erholt haben, fahren wir wieder nach Hainstadt hinab, auf dem Radweg neben der Straße nach **Breuberg**, verlassen die B 426 und biegen rechts in die Wertheimer Straße ein, die uns nach 15 Kilometern zum fachwerkgeschmückten *Marktplatz von Breuberg* bringt. Hier fällt uns das prächtige »Rodensteiner Haus« auf, vor dem noch heute das alte Marktkreuz steht. Das Holz des Kreuzes, Marktrecht und königlichen Schutz des Marktfriedens gewährend, wurde mehrmals, zuletzt 1949, erneuert.

Rechts über uns erhebt sich der Burg-berg, 150 Meter über dem Mümlingtal. Die Burgstraße rechts hinein bringt uns auf den Burgberg. 2,5 Kilometer lang windet sich die Straße in vielen Kurven bergauf. Wenn wir kräftig in die Pedale treten, ist der Weg zu schaffen. Oben angekommen, verschnaufen wir erst einmal und genießen den Blick weit ins Mümlingtal und auf die Berge des Odenwaldes.

Die **Burg Breuberg** wurde um 1150 als Vogteiburg der Abtei Fulda errichtet, die Burgvögte nannten sich in der dritten Generation »Herren von Breuberg«. Als ihre Familie erlosch, fiel die Burg an die Grafen von Wertheim, die sie zur Residenz ausbauten. Als auch die Grafen von Wertheim ausstarben, gelangten 1556 die Grafen von Löwenstein und die Grafen von Erbach in den Besitz der Burg und der Herrschaft über Breuberg. 1806, als Napoleon das Ende des Heiligen Römischen Reiches deutscher Nation bewirkte, kamen Burg und Stadt zum Großherzogtum Hessen.

Nach der Besichtigung der großen Burganlage, die zum Teil als Jugendherberge dient, und des Museums in der Burg fahren wir wieder in die Stadt zurück. Wenn die Burgstraße auf die Erbacher Straße trifft, radeln wir in Richtung Höchst zurück, fast immer auf dem Rad- und Fußweg neben der Straße. Wir kommen durch den Stadtteil Sandbach mit seinen historischen Gebäuden, der ältesten Ansiedlung der Stadt Breuberg. Auf der Breuberger Straße kommen wir wieder in Höchst am Montmelianer Platz an.

Informationen zur Tour

**Anfahrt**

Mit dem Pkw: Auf der B 45 bis Höchst, am Montmelianer Platz Richtung Bahnhof
Mit der DB: Bahnhof Höchst i. Odw.

Ausgangsort
Bahnhof Höchst i. Odw.

Zielpunkt
Wie Ausgangsort

**Übernachtung unterwegs**

• Hotel-Restaurant »Burg Breuberg«, Aschaffenburger Straße 4, 64739 Höchst i. Odw., Tel. 06163/51 33, täglich 11 – 14.30 Uhr, 16.30 – 21 Uhr
• Hotel-Restaurant-Café »Rodensteiner«, Wertheimer Straße, 64744 Breuberg-Neustadt, Tel.

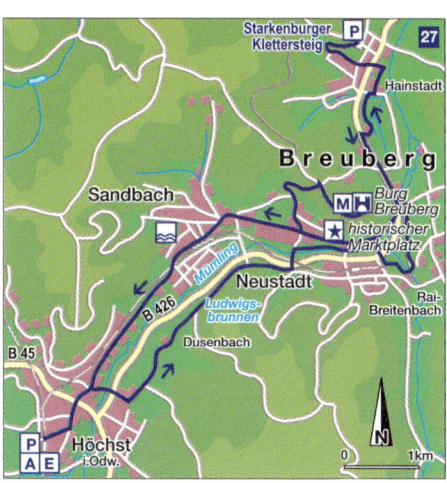

06165/93 0 50, täglich 11.30 – 21 Uhr, So ab 16 Uhr, Mo Ruhetag

Kinderfreundliche Bewirtung
Burgschänke, Burg Breuberg, Tel. 06165/ 38 2 63, täglich ab 11 Uhr, Di Ruhetag

Sehenswürdigkeiten
• Burg Breuberg, Tel. 06163/70 90, März – Okt. täglich 9 – 12 Uhr, 13 – 17 Uhr
• Starkenburger Klettersteig, Breuberg-Hainstadt, Tel. 06165/15 23
• Freibad mit Rutschbahn und Spiellandschaft, Jahnstraße 8, 64739 Höchst i. Odw., Tel. 06163/25 40, Sommer täglich 9 – 20 Uhr

Auskunft
• Verkehrsamt im Rathaus, 64744 Breuberg-Sandbach, Tel. 06163/70 90
• Verkehrsamt, Montmelianer Platz 4, 64739 Höchst i. Odw., Tel. 06163/70 8 23

Geeignetes Kartenmaterial
• Der Odenwaldkreis im Naturpark Bergstraße – Odenwald (1:50 000), Odenwaldkreis
• Naturpark Bergstraße – Odenwald 2 Nordwest (1:50 000), Hessisches Landesvermessungsamt

28 Von Lengfeld über Nieder-Klingen zur Veste Otzberg

Tourenlänge
KM 10 Kilometer

Durchschnittlicher Zeitbedarf
2 Stunden Fahrtzeit

Etappen
KM Veste Otzberg, 6,5 Kilometer

Steigung
Gering, einige starke Steigungen

Beschaffenheit des Geländes
Hügelreiche Wiesen, Felder, Waldränder

Beschaffenheit der Wege
Asphaltwege, Feldwege

Verkehrssicherheit
Hoch, bis auf die kurze Fahrt durch Lengfeld und auf der Landstraße

Altersgruppe
Für Kinder ab 10 Jahren geeignet

Günstigste Jahreszeit
April bis Oktober

Interessantes am Weg
Vogelschutzgebiet an der Veste Otzberg; Basaltsäulen am Otzberg

Wegmarkierung
Verschiedene Zeichen (siehe Text)

Am Bahnhof in **Lengfeld** besteigen wir unsere Räder und fahren auf der Bahnhofstraße in den typischen Odenwälder Ort mit seinen schmucken Fachwerkhäusern. Rechts biegen wir in die Reinheimer Straße ein, die uns aus Lengfeld hinausführt. Es ist die B 426

ohne Radweg, die wir aber bald verlassen. Nach etwa 1 Kilometer sehen wir links einen Asphaltweg, der zur **Bundenmühle** führt. Wir steigen ab, schauen links und rechts und schieben das Rad über die Straße. Wir befinden uns nun auf dem grün gekennzeichneten Radwanderweg Nr. 5. Vor der Mühle geht es auf dem Weg nach links, dann nach rechts an der Koppel vorbei; es ist ein mäßig gut befahrbarer Feldweg, der uns nach etwa 2 Kilometern nach **Nieder-Klingen** bringt. Hier biegen wir in die erste Straße links ab, die nächste rechts, dann wieder nach links in die Heringer Straße; unsere Route ist grün gekennzeichnet und trägt die Nr. 22. Gegenüber dem Parkplatz »Hollergraben« schon außerhalb des Ortes biegen wir rechts ein.

Die **Veste Otzberg** liegt vor uns auf der linken Seite. Nach etwa 200 Metern kommen wir an eine Wegkreuzung; ein kleiner Holzwegweiser zeigt uns links den Weg nach Hering. Jetzt liegt die Veste direkt vor uns. Nach etwa 300

Metern geht es nach links, dann wieder nach rechts auf dem Asphaltweg leicht bergauf.

Auf der Feldstraße radeln wir in den Otzberg-Ortsteil **Hering** ein. Wer jetzt schon eine Pause machen will, für den befindet sich auf der linken Straßenseite »Otzberger Café und Vesperstube«. Aber vielleicht kommt auch der Eismann mit seinem Wagen vorbei und verwöhnt uns mit seinem leckeren italienischen Eis. Dann biegen wir in die Straße links ein, nehmen die zweite links, die »Im Finkenhäuschen« heißt. Weiter geht`s bergauf bis zur Straße »Zum Bergfried« rechts. Hier begrüßt ein kleiner schwarzer Kater alle Wanderer und läßt sich gern streicheln. Egal, wie viele Gänge unsere Gangschaltung besitzt, spätestens jetzt müssen wir absteigen und verschnaufen. Links steil bergauf führt der Burgweg zur Veste hinauf, die rechts über uns in den Himmel ragt. Wir bestaunen die hohen, wuchtigen vulkanischen Basaltsäulen des Otzberges und schieben die Räder zur Festung hinauf, begleitet vom Gesang und Gezwitscher der gefiederten Freunde, die im *Vogelschutzgebiet* um die Veste ihre Heimat haben.

Auf dem Basaltkegel eines erloschenen Vulkans, 370 Meter über dem Meer, wurde die Burg erbaut. Das älteste Bauwerk der großen Anlage ist die »*Weiße Rübe*«, der hohe Rundturm des Bergfrieds aus dem 13. Jahrhundert. Von seiner 17 Meter hohen Plattform blicken wir weit in den Odenwald hinein und bis ins Rhein-Main-Gebiet hinunter. Der Palas der Veste beherbergt das *Museum Otzberg* mit der Sammlung zur Volkskunde in Hessen. Hier sehen wir Trachten aus allen Teilen des Landes, Keramik und Gegenstände des Brauchtums, Handwerkszeug und ländliche Einrich-

tungen. Im Kommandantenhaus ist die Burgschänke untergebracht. Auch Odenwälder Spezialitäten werden hier gereicht, und auf die Wünsche der Kinder geht man gern ein. Bei schönem Wetter lassen wir uns draußen im Biergarten nieder. Die anderen Gebäude der Veste sind nur als Ruinen erhalten geblieben.

Einst diente die Anlage mit ihren starken Festungsmauern dem Machtanspruch der Abtei Fulda. Später ging die Burg in kurpfälzischen Besitz über, wurde besetzt und geplündert, diente als Gefängnis und verfiel schließlich, um doch noch gerettet zu werden.

Wer buntes Treiben auf der Veste erleben will, fährt an einem der drei Wochenenden vor Ostern hierher, dann findet der *Ostereiermarkt* statt. Oder am ersten Maisonntag, dann gibt es den großen *Töpfermarkt*. Wie verhext geht es am 30. April zu, denn die Nacht zum 1. Mai ist die *Walpurgisnacht*. Schon am Nachmittag werden die Stände im Burghof aufgebaut. Kräuter und Getränke gibt es zu probieren und zu kaufen. Die Erwachsenen trinken Hexenwein, der mit Heilkräutern angereichert ist und sehr würzig schmeckt. Hexenkuchen schmeckt besonders den kleinen und großen Leckermäulern. Aber auch Deftiges und Würziges wie Schmalzbrote, Bratwurst und Kräutersuppe sind im Angebot. Feministinnen und weiße Magierinnen (das sind die guten Hexen) tummeln sich hier. Die Veranstaltung ist eine gelungene Mischung aus mittelalterlichem wie heidnischem Spektakel, Traditions- und Brauchtumspflege. Wenn nachts die große Sabbatfeier beginnt, wenn die Hochzeit zwischen der großen Erdgöttin und dem großen Lichtgott gefeiert wird, wenn die Elemente angerufen werden,

Die »Weiße Rübe«, der trutzige Bergfried der Veste Otzberg, grüßt herüber, während sich die Radler bei einer Rast ausruhen.

wenn die Hexen tanzen und die Paare über das Walpurgisfeuer springen – dann haben wir längst die Veste Otzberg verlassen.

Der Weg führt uns durch das gotische Burgtor hinaus. Links sind wir heraufgekommen, rechts schieben wir unsere Räder bergab, folgen dem roten Dreieck durch Hering, das auf die alte Burgmannensiedlung zurückgeht. Wir steigen auf die Räder und fahren links die Zinselsgasse entlang. Links zweigt der Wanderweg mit dem roten Quadrat ab. Auf diesem Weg radeln wir, etwas mühsam und holperig durch die Felder, rechts am Klingener Berg vorbei. Mit der Otzbergstraße treffen wir wieder in Lengfeld ein, fahren durch den Ort, am Fachwerk-Rathaus mit der offenen Torhalle vorbei, das im Jahr 1717 erbaut wurde. Nach 3 Kilometern von der Veste haben wir unseren Ausgangspunkt wieder erreicht.

Informationen zur Tour

 Anfahrt

Mit dem Pkw: Auf der A 5 von Norden bis Darmstadt, am Darmstädter Kreuz auf die B 26 bis Gundernhausen, hier auf die B 38 Richtung Reinheim, von hier auf die B 426 nach Lengfeld. Von Süden auf der A 5 bis Pfungstadt, hier auf die B 426 bis Lengfeld

Mit der DB: Von Frankfurt am Main oder Heidelberg bis Darmstadt, umsteigen nach Otzberg (Lengfeld)

 Ausgangsort

Bahnhof Lengfeld

Zielpunkt

Wie Ausgangsort

Kinderfreundliche Bewirtung

Burg-Schänke, Veste Otzberg, Tel. 06162/72 2 74, Di – Fr 18 – 22 Uhr, Sa – So 11 – 22 Uhr, bei schönem Wetter Biergarten im Burghof geöffnet

Sehenswürdigkeiten

• Veste Otzberg, Zutritt frei
• Museum Otzberg, Sammlung zur Volkskunde in Hessen, Tel. 06162/71 14, Mi, Sa 14 – 17 Uhr, So 10 – 14 Uhr

Auskunft

Verkehrsverein, Rodensteiner Weg 3, 64853 Otzberg 3 (Hering), Tel. 06162/71 2 98

Geeignetes Kartenmaterial

• Freizeitkarte Darmstadt/Dieburg (1:30 000)
• Naturpark Bergstraße-Odenwald, Nordost (1:50 000), Hessisches Landesvermessungsamt

29 Von Groß-Umstadt zum Rödelshäuschen und nach Heubach

Tourenlänge	16 Kilometer
Durchschnittlicher Zeitbedarf	1,5 Stunden Fahrtzeit
Etappen	Rödelshäuschen, Heubach
Steigung	Mäßig zum Rödelshäuschen
Beschaffenheit des Geländes	Wald und Weinberge, Berg und Tal
Beschaffenheit der Wege	Asphaltwege, feste Waldwege
Verkehrssicherheit	Hoch
Altersgruppe	Für Kinder ab 7 bis 10 Jahren geeignet
Günstigste Jahreszeit	April bis Oktober
Besondere Ausrüstung	Badesachen
Interessantes am Weg	Viel Natur, in der Innnenstadt von Groß-Umstadt viel Kultur und Geschichte
Wegmarkierung	Verschiedene (siehe Text)

Am Bahnhof in Groß-Umstadt, das die Pforte zum Odenwald genannt wird, während Darmstadt das Tor zum Odenwald ist, besteigen wir unsere Fahrräder. Wir fahren vor bis zur

115

St.-Peray-Straße, biegen gleich nach
rechts in die Straße ein, überqueren den
Stadtgraben und biegen links in die
Höchster Straße/Georg-August-Zinn-
Straße ein. Der dritten Straße folgen wir
nach rechts und radeln auf dieser Zim-
merstraße mit der grünen Wegmarkierung R 20 auch in die dritte Straße nach
links. Die erste Straße rechts hinein geht
es stark bergauf. Wenn wir das **Farmer
House** (dieses Restaurant ist nur abends
zu besuchen, und seine Schätze aus
Afrika sind auch nur dann zu besichtigen) erreicht haben, befinden wir uns
auf dem **Hainrichsberg**, 264 Meter
hoch. An diesem Berg und anderen Ab-
hängen wächst Wein; ihm verdankt die
Stadt ihren Beinamen »Odenwälder
Weininsel«. Eine höhere Erhebung als
den Hainrichsberg werden wir heute
nicht mehr erklimmen. Der Weg führt
uns in den Wald, der dann bald
zurücktritt und uns einen schönen Blick
in das Tal des Wächtersbaches erlaubt.
Weiter geht's radelnd durch den Wald;
nach 3,8 Kilometern erreichen wir an
einer Wegkreuzung das **Rödelshäuschen**, eine große Schutzhütte. Hier sind
wir eingeladen, unseren Proviant auszu-

packen, uns auf der kleinen Wiese in
die Sonne zu legen oder Ballspiele zu
veranstalten. Wegweiser zeigen uns die
Richtungen an, zu denen die verschiedenen Wege führen. Geradeaus kämen
wir nach Dorndiel oder Wald-Amorbach, rechts kämen wir auf die Ober-
höhe mit ihren 327 Metern und nach
Klein-Umstadt. Wir nehmen den beque-
men Waldweg nach Südosten zur *Sau-
steige* hinunter.
Im Tal öffnet sich eine große Lichtung.
Am Nordostrand, an dem unser Weg
entlang führt, breitet eine mächtige Eiche schützend ihre Äste über einen
Brunnen. Es ist die **Sausteiger Brunnen-
eiche**. Das Wasser, das in ihrem Schatten dem Berg entspringt, ist klar und
kalt. Wir können uns erfrischen, aber
das Wasser sollten wir nicht trinken.
Wir fahren weiter zum Wald, überqueren den Pferdsbach, biegen im Wald
rechts ein, folgen dem Bach und der
gelben eingekreisten 11. Rechts im un-
bewaldeten Tal liegt der Erlenhof, wir
kommen zum Parkplatz Kellergrund;
von jenseits des Tales führt die Straße
herüber. Vom Parkplatz geht ein Lehrpfad ab, der zu den Resten einer römischen Siedlung führt. Wir fahren über
den Platz und folgen dem Weg mit der
gelben 10 und der grünen 22. Rechts
liegt ein Anglerteich, dann verlassen wir
den Wald, folgen dem Bach bis nach
Heubach, einem Ortsteil von Groß-Umstadt; rechts entdecken wir eine kleine
Kneipp-Anlage, wo wir unsere Radler-
beine kühlen können. Von weitem schon
grüßt uns der spitze Turm einer der drei
Kirchen dieser alten Ansiedlung. Wir
durchfahren diesen hübschen Ort, folgen dem Radweg Richtung Groß-Umstadt, überqueren die B 45 und bleiben
auf dem Radweg, bis wir zur **Haxenmühle** kommen. Kurz vor der alten

Das Tal des Pferdbachs weitet sich, wir kommen aus dem Wald, und vor uns liegt Heubach. Jetzt ist es nicht mehr weit nach Groß-Umstadt.

Mühle biegen wir links in die Felder und radeln auf einem asphaltierten Feldweg bis zur Weggabelung. Rechts nach der Unterführung kommen wir zum *Schwimmbad* von Groß-Umstadt, ein Stück weiter liegt unser Ausgangsort zu dieser Tour, der Bahnhof, den wir nach 16 Kilometern wieder erreichen. Ein kleiner Stadtbummel durch Groß-Umstadt schließt sich an. In der Innenstadt gibt es von den vier Schlössern noch drei. Das *Pfälzer Schloß* aus dem

15. Jahrhundert in der Pfälzer Gasse, das *Wambolt-Schloß* – schon 1036 erwähnt und 1600 bis 1602 neu erbaut – in der Curtigasse, das *Darmstädter Schloß* – hervorgegangen aus einer Burganlage des 13. Jahrhunderts – an der Hanauer Gasse. Das *Rathaus* am Markt ist ein prachtvoller Renaissancebau von 1604 bis 1605. Und überall in der Innenstadt sehen wir dekorative Fachwerkhäuser, die anzuschauen eine Freude ist.

117

Diese zwei lustigen Figuren, aus Strohballen gefertigt, fragen uns, ob wir hier an der Haxenmühle eine Rast einlegen oder ob wir weiter zum Schwimmbad von Groß-Umstadt radeln wollen.

Informationen zur Tour

Anfahrt
Mit dem Pkw: Auf der B 45 nach Groß-Umstadt
Mit der DB: Bahnhof Groß-Umstadt

Ausgangsort
Bahnhof Groß-Umstadt

Zielpunkt
Wie Ausgangsort

Übernachtung unterwegs
Hotel und Gasthaus »Zum Lamm«, Georg-August-Zinn-Straße 32, 64823 Groß-Umstadt, Tel. 06078/33 17, täglich 11 – 14 Uhr, 17 – 21 Uhr

Kinderfreundliche Bewirtung
»Zur Goldenen Krone«, Wilhelm-Leuschner-Straße 86, 64823 Groß-Umstadt-Heubach, Tel. 06078/31 24, Di und Do 16 – 21 Uhr, Mi, Fr, Sa, So 10 – 21 Uhr, Mo Ruhetag

**Öffnungszeiten**
• Museum und Kulturzentrum Gruberhof (Bauernhofmuseum, Bewirtschaftung im »Kuhstall«), am Stadtausgang Richtung Raisbach/Dorndiel, 64823 Groß-Umstadt, Tel. 06078/43 58, Ostern – Ende Okt. So 10 – 18 Uhr
• Freibad, Höchster Straße, 64823 Groß-Umstadt, Tel. 06078/35 25, Sommer täglich 8 – 20 Uhr

Auskunft
Magistrat der Stadt Groß-Umstadt, Markt 1, 64823 Groß-Umstadt, Tel. 06078/78 10

Geeignetes Kartenmaterial
• Freizeitkarte Darmstadt-Dieburg (1: 30 000), Magistrat Darmstadt, Kreisausschuß Darmstadt-Dieburg
• Naturpark Bergstraße – Odenwald 2 Nordost (1:50 000), Hessisches Landesvermessungsamt

30 Von Darmstadt-Kranichstein (Eisenbahnmuseum) über das Jagdschloß nach Messel

Tourenlänge	17,5 Kilometer
Durchschnittlicher Zeitbedarf	2 Stunden Fahrtzeit
Etappen	Jagdschloß, Messel
Steigung	Nur hin und wieder sanfte Steigungen
Beschaffenheit des Geländes	Wald, Wiesen, Felder
Beschaffenheit der Wege	Befestigte Wald- und Asphaltwege
Verkehrssicherheit	Hoch
Altersgruppe	Für Kinder ab 7 Jahren geeignet
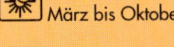**Günstigste Jahreszeit**	März bis Oktober
Interessantes am Weg	Jagdschloß Kranichstein, Wildschutzgebiet, Jagdschirm und Dianaburg
Wegmarkierung	Verschiedene Zeichen (siehe Text)

Zum Abschluß unserer Odenwald-Fahrten wollen wir uns heute auf die Räder schwingen zu einer kinderleichten Tour, auf der es viel zu sehen und zu erleben gibt. Als Termin suchen wir uns ei-

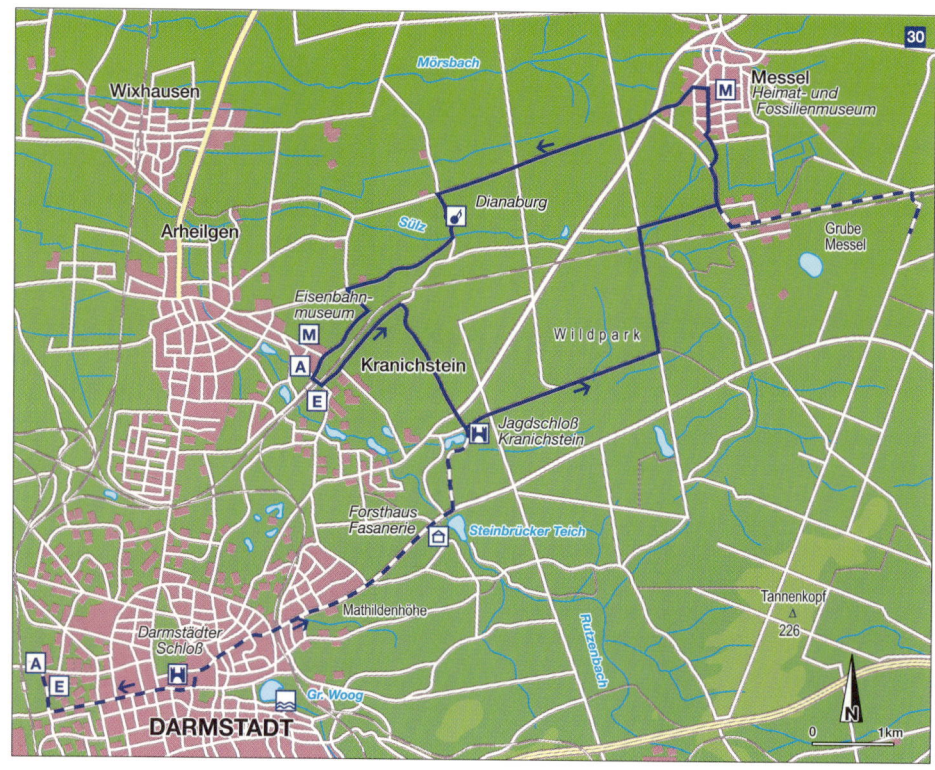

nen Tag aus, an dem im **Eisenbahnmuse-um**, Darmstadt-Kranichstein, Steinstraße, einer der Dampftage oder gar ein Dampflokfest veranstaltet wird; zugleich sollte es ein Sams-, Sonn- oder Feiertag sein, dann ist nämlich das Fossilien- und Heimatmuseum in Messel geöffnet. Nachdem wir die alten Dampflokomoti-ven bestaunt haben, vielleicht eine Fahrt auf dem Führerstand einer der altehr-würdigen Maschinen oder in einem hi-storischen Schienenbus unternommen und die verschiedenen Geräte aus der Geschichte der Eisenbahn gesehen ha-ben, können wir uns noch im Café, das den Charme einer Eisenbahnerkantine besitzt, stärken und erfrischen.
Jetzt geht es auf die Räder, die Stein-

straße entlang bis zur Jägertorstraße, links über den Bahnübergang auf die Parkstraße. Wir folgen aber nicht den Wegweisern, die uns die Straße gera-deaus zum Jagdschloß Kranichstein führen, wir biegen links ab in die Eck-hardwiesenstraße, kommen zwischen den Wiesen rechts und den Bahngleisen links, auf denen wir noch viele alte Ei-senbahnwagen sehen, zum Waldrand. Rechts kurven wir auf den Radwander-weg R 8/13 (grün gekennzeichnet), überqueren die Kranichsteiner Straße und erreichen das **Jagdschloß Kranich-stein**. Dieser 1578 für die Landgrafen erbaute Jagdsitz ist zur Zeit wegen Re-novierungsarbeiten geschlossen; wir las-sen das Schloß mit seinem Jagdmuseum rechts liegen und biegen links in die Kernschneise ein, das ist der Weg R 18. Ein Wildgatter versperrt uns nicht die Weiterfahrt. Die Tür ist leicht zu öffnen, wir vergessen auch nicht, sie wieder zu schließen. Jetzt sind wir im **Wildschutz-gebiet**, und wenn wir Glück haben, vor allem morgens und am späten Nachmittag, können wir die Tiere sehen. Viele Schautafeln am Wege vermitteln uns Informationen über den Wald, seine Pflanzen und Tiere, über die Jagd im Lauf der Geschichte. Links erhebt sich im Wald ein altes Gemäuer, das wie eine kleine Festung aussieht. Es ist ein landgräflicher *Jagdschirm* wie er im 16. und 17. Jahrhundert zur Saujagd benutzt wurde. Die hohen Herren standen sicher hinter den Schießscharten verborgen und ließen sich von Helfern die aufgestöberten Wildschweine vor die Flinten treiben. Zum Glück ist diese Art zu jagen längst aus der Mode gekommen. Vor dem Gatter kreuzt unseren Weg die Kreuzschneise (R 11), der wir nach links folgen. Wir überqueren das Gewässer der Sülz, fahren unter einer Eisenbahnunterführung hindurch, kommen wieder durch ein Gatter, biegen rechts in die Dreibrückenschneise (R 16) ein und verlassen bald durch ein weiteres Gatter das eingezäunte Wildschutzgebiet. Sanft steigt der Weg an und trifft auf die Straße, die die beiden Ortsteile **Messel** und **Grube Messel** verbinden. Rechts hinunter liegt hinter den Häusern und der Bahnlinie die Grube Messel. Vor etwa 50 Millionen Jahren, im Tertiär/Eozän, entstand durch Absinken des Rheingrabens eine tektonische Senke, die sich mit Wasser füllte. Damals herrschte hier tropisches Klima, Algen gediehen prächtig, die nach ihrem Absterben eine weiche Schlammschicht im Grunde der Grube bildeten, verdich-

Ein Dampflokfest im Eisenbahnmuseum Darmstadt-Kranichstein ist für die kleinen und großen Besucher immer ein aufregendes Erlebnis.

tet durch Sand und Ton. In dieser Schicht gab es keinen Sauerstoff, so konnten Tiere und Pflanzen, die hier im See versanken, nicht verwesen. Auf diese Weise wurden Hechte und Alligatoren, Insekten und Fledermäuse sowie anderes Getier als *Fossilien* konserviert. Das berühmteste Wesen ist das *Urpferdchen*, das in der größeren Art eine Schulterhöhe von 50 Zentimeter, in der kleineren Art von 35 Zentimeter hat. Zwischen 1884 und 1963 wurde in der Grube Messel im Tagebau Ölschiefer abgebaut. Die insgesamt 20 Millionen Tonnen wurden zu Heiz- und Dieselöl, Vergaserkraftstoff, Paraffin und Düngemittel verarbeitet. Bei der Gewinnung des Ölschiefers wurden die Fossilien gefunden. Dann sollte die Grube Messel eine riesengroßen Müllkippe werden. Aber die Gemeinde, viele Bürger und Wissenschaftler aus aller Welt protestierten: die Grube Messel wurde gerettet und ist heute ein UNESCO-Naturdenkmal, in dem Forscher ihrer Arbeit nachgehen.

Wir sind durch den Wildpark gefahren, haben den schattigen Wald mit seinen kleinen Bächen verlassen, radeln jetzt durch blühende Felder nach Messel, um das Urpferdchen zu besuchen.

Ab Herbst 1996 gibt es in der Nähe des Parkplatzes bei der Müllumladestelle, südwestlich der Grube Messel, einen öffentlichen Zugang zu einer Aussichtsplattform, die einen Blick in die Grube gewährt.

Weil zu der Grube direkt nur angemeldete Führungen möglich sind, radeln wir vielleicht auf dem Radweg neben der Roßdörfer Straße gleich nach Messel, auf der Bahnstraße geradeaus, bis wir durch das Fachwerkhaus mit dem Torbogen in den alten Ortskern mit seinen Fachwerkhäusern kommen. Bis hierhin sind wir etwa anderthalb Stunden unterwegs und haben 13 Kilometer zurückgelegt. An der Ecke Hanauer Straße/Langgasse erhebt sich ein schmuckes Haus, das alte Rathaus, in dem heute das **Fossilien- und Heimatmuseum** residiert. Hier besuchen wir das Urpferdchen und die anderen Fossilien, sehen auch bäuerliches Handwerkszeug und Dokumente zur Industrialisierung.

Wir verlassen Messel, fahren durch den Torbogen, rechts die Darmstädter Straße (Radwanderweg R 14) hoch, überqueren die Kranichsteiner Straße und fahren auf der Hanauer Straße, einem Waldweg, geradeaus, bis wir fast am Waldrand auf den Weg R 13 stoßen, dem wir links folgen. Wir kommen zur **Dianaburg**, einem alten kleinen Jagdschlößchen, das wir umrunden. Wir überqueren wieder die *Sülz*, folgen dem Weg R 16 nach rechts, zwischen Spargel- und Erdbeerfeldern biegen wir in den ersten Asphaltweg links ein und kommen zu den Eisenbahnschienen, die uns vor dem Übergang rechts zum Eisenbahnmuseum führen.

Nach insgesamt 2 Stunden und 17,5 Kilometern sind wir wieder bei den alten Lokomotiven angelangt.

Variante: Ausgangspunkt für unsere Radwanderung ist der *Hauptbahnhof Darmstadt*, ein Jugendstilbau aus dem Jahr 1912. Weil Darmstadt eine radfahrerfreundliche Stadt mit zahlreichen Radwegen ist, fahren wir auf der Rheinstraße entlang, überqueren den *Luisenplatz*, biegen am Marktplatz links in den Schloßgraben ein, und fahren die Alexander- und Dieburger Straße rechts hoch zur *Mathildenhöhe*. Die Dieburger Straße führt uns zum Radwanderweg R 18 und zum Jagdschloß Kranichstein.

Informationen zur Tour

Anfahrt

Mit dem Pkw: A 5/67, Autobahnkreuz Darmstadt, links durch die Kasinostraße bis zur Frankfurter Landstraße, links bis Darmstadt-Arheiligen, hier rechts in die Messeler Straße, rechts in die Jägertorstraße bis zur Bahnlinie, links in die Steinstraße zum Eisenbahnmuseum
Mit der DB: Bahnhof Darmstadt-Kranichstein (Variante: Darmstadt-Hauptbahnhof)

Ausgangsort

Eisenbahnmuseum in Darmstadt-Kranichstein (Variante: Darmstadt-Hauptbahnhof)

Zielpunkt

Wie Ausgangsort

Kinderfreundliche Bewirtung

Café im Eisenbahnmuseum, Steinstraße, Darmstadt-Kranichstein

Sehenswürdigkeiten

• Eisenbahnmuseum, Lokschuppen in der Steinstraße, 64289 Darmstadt-Kranichstein, Tel. 06151/37 64 01 oder 37 71 00; 16 historische Lokomotiven und über 50 Wagen, So 10 – 16 Uhr, Apr. – Okt. auch Mi 10 –

16 Uhr, zu bestimmten Terminen Dampftage und Dampflokfeste
• Jagdschloß Kranichstein mit Jagdmuseum, zur Zeit wegen Renovierung geschlossen
• Fossilien- und Heimatmuseum, Langgasse, 64409 Messel, Tel. 06159/51 19, Sa 14 – 16 Uhr, So und feiertags 10 – 12 Uhr, 14 – 16 Uhr
• Grube Messel, Anmeldung von Gruppenführung, Tel. 06159/51 19 oder 341
• Schloß-Museum im Schloß, Ernst-Ludwigs-Platz, 64283 Darmstadt, Tel. 06151/24 035, repräsentative Sammlung zur Geschichte der ehemaligen Landgrafschaft und des späteren Großherzogtums Hessen, Mo – Do 10 – 13 Uhr, 14 – 17 Uhr, Fr, Sa + So 10 – 13 Uhr
• Landesmuseum, Friedensplatz 1, 64283 Darmstadt, Tel. 06151/16 57 03, kunst- und kulturgeschichtliche, geologische, mineralogische und zoologische Sammlungen, mittelalterliche Altarwerke, Glasmalerei und Jugendstilabteilung, Di – Sa 10 – 17 Uhr, Mi zusätzlich 19 – 21 Uhr, So 11 – 17 Uhr
• Mathildenhöhe: Um die Jahrhundertwende entstand hier eine Künstlerkolonie, die Darmstadt den Ruf als Jugendstil- und Kunststadt einbrachte. Hier befinden sich auch der Hochzeitsturm (März – Okt. Di – So 10 – 18 Uhr, Nov. – Febr. Di – So 10 – 16 Uhr), die Russische Kapelle, Wohnhäuser der Künstler, Platanenhain mit Reliefs von Bernhard Hoetger, Ernst-Ludwig-Haus (»Museum der Künstlerkolonie« mit Omega-Portal und den Steinfiguren »Adam und Eva« von Ludwig Habich vor dem Eingang), Di – So 10 – 17 Uhr

Auskunft

Städtisches Verkehrsamt, Luisenplatz 5, 64283 Darmstadt, Tel. 06151/13 27 80, 13 27 81
• Gemeinde Messel, Kohlweg 15, 64409 Messel, Tel. 06159/256, 5006

Geeignetes Kartenmaterial

Freizeitkarte Darmstadt/Dieburg (1:30 000), Stadt Darmstadt, Landkreis Darmstadt-Dieburg

Allgemeine Informationen

Mit welchem Rad fahren wir?

Das richtige Rad für unsere Wanderungen ist ein Tourenrad. Wegen der Steigungen im Odenwald muß es mit einer Gangschaltung ausgerüstet sein. Kinder sollten im Sitzen mit den Füßen den Boden berühren, dann ist die Höhe des Sattels richtig eingestellt. Nur mit Kindern, die schon sicher radfahren, können wir radwandern. Sie sollen Freude am Fahren haben und die Welt um sie herum entdecken; das Radfahren und auch die Verkehrsregeln lassen sich nicht erst bei Radtouren lernen und üben. Ein farbiger Wimpel, der hoch über dem Kinderrad flattert, fordert andere Verkehrsteilnehmer auf, besondere Rücksicht zu üben. Ein Helm, der nicht zu groß sein darf, schützt den Kopf bei Stürzen vor Verletzungen.

Pflege und Reparatur des Rades

Vor jeder Fahrt überprüfen wir die Räder, die Lichtanlage und besonders die Bremsen. Nach jeder Tour müssen wir die Fahrräder putzen; die Kette muß immer eingefettet sein und darf nicht rosten. Die Kinder lernen, selbst auf ihre Räder zu achten. Kleine Reparaturen führen wir selbst aus; ein Loch im Schlauch flicken wir selbst, verschiedene Schraubenschlüssel und Schraubenzieher, Flickzeug, Ventile, Luftpumpe, Ersatzbirnen und ein stabiles Schloß haben wir immer dabei. Die Kinder helfen, weil es ihnen Spaß macht, ihre Fähigkeiten zu erproben.

Planung und Vorbereitung der Tour

Zusammen mit den Kindern wird die Strecke ausgesucht. Wenn wir die Fahrräder im Tourengebiet leihen wollen, rufen wir rechtzeitig vorher an; die Verleih-

adressen sind bei den Touren angegeben. Wir legen fest, ob wir mit dem Auto oder mit öffentlichen Verkehrsmitteln an den Ausgangspunkt unserer Tour gelangen. Gern geben Deutsche Bahn, RMV oder VRN telefonische Auskunft (siehe unter: Adressen). Vor allem berücksichtigen wir:
• Ist die Tour für das Kind oder die Kinder nicht zu anstrengend? Im Odenwald und an der Bergstraße gibt es kinderleichte Touren und anspruchsvollere. Sollte sich erweisen, daß die Tour die Kinder überfordern würde, kehren wir ein oder um (und machen den Kindern keine Vorwürfe).
• Bei Streckentouren ist die Rückkehr zu bedenken. Hinweise sind bei jeder Tour angegeben.
• Die durchschnittliche Leistung eines Kindes beträgt zehn bis 13 Kilometer pro Stunde bei einer Strecke mit geringen Steigungen. Für Pausen, Besichtigungen und den Besuch von Gasthäusern muß genügend Zeit eingeplant werden. Wir wollen mit Freude radeln und nicht einen Streckenrekord aufstellen.

Ausrüstung und Proviant

Das Gepäck packen wir auf den Gepäckträger und in die Taschen, die sicher am Gepäckträger befestigt sind. Auch über dem Vorderrad läßt sich ein Korb oder eine Tasche anbringen. Nie hängen wir Taschen oder Beutel an die Lenkstange; das beeinträchtigt die Fahrsicherheit. Und was packen wir alles ein? Fotoapparat und Fernglas, Wanderkarten und diesen Odenwald/Bergstraße-Radwanderführer, das Reparatur- und Flickzeug nebst Luftpumpe und Werkzeug, Regenschutz und Kleidung für einen Wetterumschwung. Wenn wir vorhaben, unterwegs zu übernachten, nehmen wir Wasch- und Nachtzeug mit und Kleidung zum Wechseln für den folgenden Tag – und das Kuscheltier für die Nacht. Auf jeden Fall packen wir Heftpflaster, elastische Binden und Wundsalbe ein – und hoffen, daß wir es nicht brauchen werden. Wir vergessen auch nicht Sonnenschutz- und Insektenschutzmittel. Gegen den Durst unterwegs nehmen wir Getränke mit, auch Obst packen wir ein und vielleicht ein paar Nußriegel, um den Hunger zu stillen. Selbstverständlich werfen wir die Abfälle nicht in die Natur.

Bewirtung und Übernachtung

Bei jeder in diesem Buch vorgeschlagenen Tour sind Möglichkeiten des Einkehrens und – bei größeren Strecken – des Übernachtens angegeben. Die Gastfreundschaft der Odenwälder ist bekannt; Kinderfreundlichkeit kann überall vorausgesetzt werden. Weitere Informationen geben gern die Verkehrsvereine, die bei jeder Tour aufgeführt oder im Anschluß angegeben sind.

Radverleih

Wenn wir nicht mit eigenen Fahrrädern auf Tour gehen, leihen wir uns die Fahrzeuge bei den Verleihfirmen, die bei der jeweiligen Tour angegeben sind. Bevor wir auf Fahrt gehen, prüfen wir die Räder, ob sie allen Anforderungen an die Sicherheit entsprechen und die Sattelhöhe richtig eingestellt ist. Wir vereinbaren den Preis, den ungefähren Zeitpunkt der Rückgabe und lassen uns die Telefonnummer des Verleihers geben, um eine eventuelle Verspätung anzeigen zu können.

Das Klima und das Wetter

Der Frühling beginnt in Deutschland an der Bergstraße. Die hohe jährliche Durchschnittstemperatur beträgt hier 10 Grad Celsius. Die Apfelblüte setzt um den 25. April ein. Im Odenwald beginnt das Blühen etwa drei Wochen später, die Durchschnittstemperatur ist zwei Grad niedriger. Herrscht auf den Höhen des Gebirges ein rauhes Klima, das als Reizklima gesundheitsfördernd ist, so ist es in den Tälern ausgeglichen und mild. Sommerliche Schwüle mit Gewittern und herbstliche Kaltluft mit Nebel sind an der Bergstraße und im Odenwald kaum bekannt. Bis auf den Winter, wenn es im Odenwald heißt, »Ski und Rudel gut«, sind alle Tage vom Vorfrühling bis zum Spätherbst – mit richtiger Bekleidung – zum Radeln an der Bergstraße und im Odenwald geeignet.

Zur Vorbereitung unserer Touren gehört auch, den Wetterbericht und die Wettervorhersage zur Kenntnis zu nehmen. Regenschutz nehmen wir mit, um einen Schauer oder ein Nieseln abzuwehren. Eine Kopfbedeckung verhindert bei Sonnenschein den unangenehmen Sonnenstich und Sonnenschutzcreme verhindert einen Sonnenbrand. Einem unerwarteten Dauerregen entweichen wir und gehen in ein Museum oder besuchen eine andere Sehenswürdigkeit, an denen der Odenwald reich ist. Oder wir kehren in eines der zahlreichen gemütlichen Gasthäuser zum Essen und Trinken ein, um uns für die Weiter- oder Rückfahrt zu stärken. Ein kleines Spiel im Gepäck hilft dann, die Zeit zu vertreiben.

Essen und Trinken

Pizza und Hamburger gibt es überall und auch die gutbürgerliche Küche. Wild, Lamm und Forellen sind typisch für den Odenwald; die traditionelle Küche mit oft einfachen, dabei schmackhaften Gerichten findet man noch in den etwas abgelegenen Orten. An der Bergstraße, an Neckar und Main wachsen Reben, so gibt es gute Weine für die Großen und durstlöschenden Traubensaft für die Kleinen. Im Odenwald wird mit frischem Quellwasser Bier gebraut. Und die Obstwiesen liefern schmackhafte Äpfel für Apfelwein und Apfelsaft. Auch beim Essen und Trinken gilt, was von Natur und Kultur gesagt wird: »Sagenhaft – die Vielfalt im Odenwald!«

Wichtige Adressen

Neben den Adressen und wichtigen Hinweisen, die bei den einzelnen Touren angegeben und bei der Vorbereitung und Durchführung der Touren dienlich sind, geben wir hier noch einige Anschriften von allgemeiner Nützlichkeit – verbunden mit unserem Dank an alle Ämter und Institutionen, die uns mit Informationen bedacht haben, auch wenn wir viele Sehenswürdigkeiten, Orte und Landschaften in diesem Buch nicht berücksichtigen konnten.
• Odenwaldklub e. V., Montmelianer Platz 5, 64730 Höchst i. Odw., Tel. 06163/47 85
• Verein Naturpark Bergstraße-Odenwald e. V., Gräffstraße 5, 64646 Heppenheim, Tel. 06252/15 3 77
• Förderverein Museumsstraße Odenwald-Bergstraße e. V., Hagenstraße 14, 64407 Fränkisch-Crumbach, Tel. 06164/797
• Odenwaldkreis, Kreisausschuß, Michelstädter Straße 12, 64711 Erbach, Tel. 06062/70 2 17
• Fremdenverkehrsverband Odenwald-Bergstraße-Neckartal, Marktplatz 1, 64711 Erbach, Tel. 06062/94 3 30

• Tourismusgemeinschaft Fränkischer Odenwald, Postfach 1560, 63885 Miltenberg, Tel. 09371/501, 502

Dank für Rat und Tat sagen wir der UTOPIA Fahrradmanufaktur, Eschberger Weg 1, 66121 Saarbrücken, Tel. 0681/81 65 06, ohne deren Fahrräder wir nicht so gut durch den Odenwald gekommen wären, und der Fahrradgesellschaft Harald und Dieter Meyer OHG, Bahnhofstraße 18, 63067 Offenbach, Tel. 069/81 58 32, für die Hilfe bei der Ausrüstung und dem Zubehör. Der ADFC, Allgemeiner Deutscher Fahrrad-Club, Hollerallee 23, 28209 Bremen, beantwortet gern alle Anfragen, denen Rückporto beigelegt ist.
Die Deutsche Bahn AG, die an keinem Bahnhof am und im Odenwald einen Fahrradverleih unterhält, gibt jährlich die Broschüre »Radler-Bahn« mit Tips und Informationen heraus. Die DB hat eine »Radfahrer-Hotline« eingerichtet: Tel. 0180/3 194 194, werktags 8 – 18 Uhr, Sa 8 – 12 Uhr. Der RMV, Rhein-Main-Verkehrsverbund, hat auch eine Hotline für Fahrplanauskünfte und Fahrgastwünsche: Tel. 06180/23 51 45, Mo – Fr 8 – 19 Uhr, Sa 8 – 13 Uhr. Der VRN, Verkehrsverbund Rhein-Neckar, und NOV, Nekkar-Odenwald-Verkehrsverbund, erteilen Fahrplanauskünfte, die auch zugeschickt werden, Tel. 0621/10 77 028, werktags 9 – 15 Uhr.

Ortsregister

Kursive Ziffern verweisen auf Abbildungen,
geradestehende auf Textstellen.

Aglasterhausen 46
Amorbach 9, 61, 63f., *63*
Aschbach 74
Auerbacher Schloß 17ff.

Bad König 101f., 104
Beerfelden 68, 71f., 84
Beerfurth 107
Bensheim 20, 24
Bensheim-Auerbach 17ff.
Bergstraße 9
Birkenau 25, *27*, 28
Breitenbronn 46
Breitenbrunn 101, 103
Breitenbuch 87
Breuberg 108ff.
Buch 61f.
Buchen 53ff., *55*
Buchklingen 27
Burg Frankenstein 12, 15f., *15*
Burg Schadeck 36, 38
Burg Windeck 26

Darmstadt 10, 13, 119f., 123
Dianaburg 122
Dielbach 39
Dilsberg 36, *39*
Dusenbach 108

Eberbach 39, 42ff., 106
Eberstadt 10, 13, 16
Eberstadter Tropfsteinhöhle 53ff., *56*
Elmshausen 20
Elsbach 82
Erbach 81ff.
Erlenbach 94ff.
Ersheim 37
Eulbach 86ff., *89*
Exotenwald 25, 27f.

Felsberg 20f., 23
Felsenmeer 20f., 24
Finkenbachtal 71
Fränkisch-Crumbach 105ff.
Fürstenau 92f.
Fürstengrund 101, 104
Fürstenlager 18f.
Fürth 94, 96f.

Gottersdorf 58, *59*
Grasellenbach 75, *77*
Groß-Umstadt 115
Guttenbach 44, 46

Hainhaus 101, 103
Hainstadt 109
Hartenrod 74
Heidelberg 31ff., *34*, 35, *35*
Heppenheim 10
Hesselbach 84, 87
Hesseneck 87
Heubach 116, *117*
Himbächel-Viadukt 78
Hinterburg 36, 38
Hirschberg 30, *34*
Hirschhorn 36ff.
Hirschhorner Höhe 68, 70
Höchst 108f., *110*
Hüttenthal 79

Katzenbuckel 9, 41
Kleiner Odenwald 9, 43ff.
Kleinheubach 65
Königstuhl 33, 35
Kranichstein 119f., *121*

Laudenberg 51
Lautental 24
Leidenharterhof 46
Lengfeld 112
Limbach 49
Limes 85, 103
Lindenfels 98ff., *99*, 100
Löhrbach 27

Madonnenländchen´ 53
Marbachsee 78, *79*, 82,
Messel 119, 121, *122*
Michelstadt 10, 87ff., 91ff.
Mildenburg 65, 67f.
Miltenberg 65ff., *67*
Minneburg 43f.
Mittelburg 36, 38, *38*
Mörtelstein 46
Mosbach 48f., 52
Mossautal 81f.
Mudau 48, 52

Neckargemünd 36, 38f.
Neckargerach 43, 47
Neckarhäuserhof 36
Neckarsteinach 36, *38*
Neckartal 11, *45*
Neunkirchen 46

Nibelungenstraße 9
Nieder-Beerbach 12, 14, 16
Nieder-Klingen 112
Nieder-Ramstadt 13

Otzberg 9, 112ff., *114*

Reichelsheim 105ff, *106*
Reichenbach 20
Rödelshäuschen 115f.
Rodenstein 105ff.
Roßbach 81
Rothenberg 68, 71f.
Sandbach 111
Sattelbach 49, 51
Schlierbach 31, 33
Schriesheim 29, 31
Schwarzach 43, 46f., *50*
Siegfriedbrunnen 11, 75f., *75*
Siegfrieds Quelle 22
Siegfriedstraße 9, 84
Starkenburger Klettersteig 109

Steinbach 91f.
Strahlenburg 30, 31, *31*

Überwald 72f.

Vorderburg 36, 38

Wachenburg 26
Waidsee 27
Wald-Michelbach 72ff., *73*
Walldürn 56ff., 60f.
Wanderbahn 49ff., *51*
Weinheim 25, 27f., 29
Wildenburg 61f.
Winterkasten 99
Wolfsschlucht 41
Würzberg 84, 86
Wurzelbach 24

Zell 92
Zwingenberg 10, 42ff., *42*

Kartensymbole

3 Tourennummer	**⚑** Ruine	**⚑** Jugendherberge
A Anfangspunkt	**X** Spezialitätenrestaurant	⌷ Bahnhof
E Endpunkt	**≈** Bademöglichkeit	Λ Gipfel
⚲ Kirche	**M** Museum	
⚲ Kapelle	**⚲** spezieller Tierbestand	
⚲ Kirchenruine	**P** Parkplatz	
⚲ Kloster	**❋** Aussichtspunkt	
⚲ Klosterruine	**⚏** Aussichtsturm	
H Schloß	**⚑** Campingplatz	